AF234022

Avec 152 Dessins et Croquis de l'Auteur

Paris, Berger-Levrault & Cie, Éditeurs

Nancy, imprimerie Berger-Levrault et Cie.

AU SUD DE L'AFRIQUE

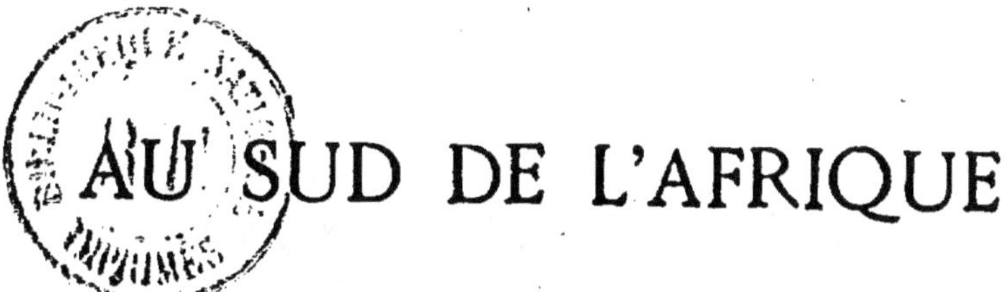

FRÉDÉRIC CHRISTOL

Au Sud
de l'Afrique

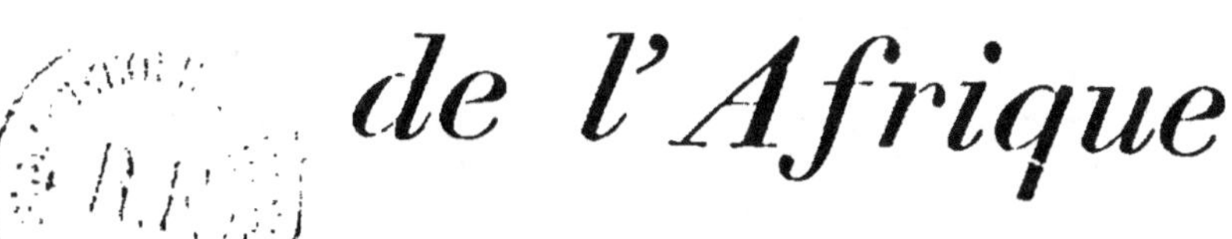

Avec 152 Dessins et Croquis de l'Auteur

DEUXIÈME ÉDITION

BERGER-LEVRAULT ET Cie, ÉDITEURS

PARIS	NANCY
5, RUE DES BEAUX-ARTS	18, RUE DES GLACIS

1900

Tous droits réservés

INTRODUCTION

M. Christol désire que je lui serve d'introducteur auprès de notre public ; je regrette qu'il demande ce service à un aussi mince personnage ; je me console en pensant qu'il n'en a pas un besoin sérieux. Les missionnaires de la Société de Paris se recommandent par leur titre même. Aux avant-postes de l'Évangile, nos Églises possèdent une petite phalange qui honore leur cause, à qui elles doivent plus qu'une admiration théorique et lointaine : une reconnaissance active et un appui dévoué. M. Christol, en particulier, est bien connu de la jeunesse protestante. Depuis des années il collabore au Petit Messager des Missions. Il ne l'enrichit pas seulement de ses articles toujours savoureux de sain humour et chauds d'intime piété. Élève des peintres Gérôme et Flan-

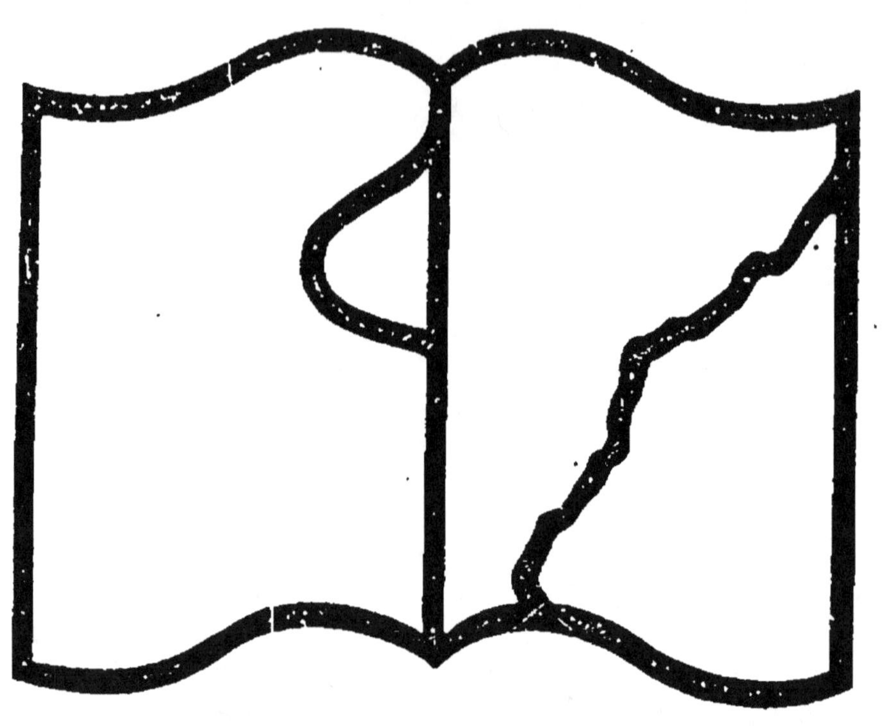

Texte détérioré — reliure défectueuse

NF Z 43-120-11

VALABLE POUR TOUT OU PARTIE DU
DOCUMENT REPRODUIT

drin, ancien professeur de dessin dans les écoles de
la ville de Paris, il illustre cette feuille avec un rare
talent, avec un obsédant souci de vérité. Sollicité de
publier des souvenirs et des scènes de la vie missionnaire, il a bien voulu se prêter à ce désir, et il nous
a donné un volume auquel je suis heureux de prédire
un joli succès.

Il en a profité pour mettre sous nos yeux des documents qu'il serait difficile de trouver ailleurs. Tandis que d'autres cherchent — et avec raison — à
surprendre dans leurs récits, dans leurs proverbes,
dans leurs fables, le secret de la vie morale des
hommes qu'ils s'efforcent de relever, il a voulu consulter les mille petits objets que ces hommes fabriquent
et dans lesquels ils incarnent quelque chose de leur
âme. Il a crayonné — au sens le plus exact du mot
— tout ce qui est capable de nous faire comprendre
les ba-Souto et quelques autres indigènes de l'Afriqu
australe; et je n'hésite pas à affirmer que la collectic
de ses dessins vaut bien telle ou telle vitrine du Tr
cadéro. J'ai eu entre les mains la plupart des obj
qui lui ont servi de modèles et je puis garantir
scrupuleuse fidélité de ses reproductions. Laissa
au lecteur le plaisir d'apprécier lui-même l'intér

soutenu, la verve souriante et l'entrain chrétien de ses récits, je voudrais marquer l'importance et la valeur de ce témoignage graphique ; le meilleur moyen est de nous arrêter devant ces documents, de les considérer à notre aise et d'essayer d'en dégager quelque instruction.

I

Il est évident, tout d'abord, que les ba-Souto sont loin de posséder les capacités artistiques des Bushmen. Comme la plupart des noirs, ils ne savent ni dessiner ni peindre. Les Bushmen, au contraire, sont parvenus, dans cet art, à un extraordinaire degré de développement spontané. Il est regrettable qu'on n'ait jamais songé à reproduire et à publier une collection un peu considérable de leurs peintures. Elles sont nombreuses encore dans les grottes de l'Afrique australe, mais elles s'abîment de jour en jour. Elles ont gâtées par des indigènes plus ou moins facétieux, mutilées par des voyageurs qui en emportent des fragments, effacées par la fumée des feux que l'on allume dans ces abris naturels. Quand elles auront disparu, nous serons à jamais privés de documents qui auraient pu nous en apprendre long sur les débuts de l'art.

Les Bushmen n'ont point produit seulement des peintres. Ils se sont essayés à graver des figures sur la pierre. M. Christol signale avec raison cet effort d'hommes que l'on nous présente parfois comme les lamentables débris d'une humanité décidément inférieure. Ce qu'il nous fait connaître permet de distinguer deux catégories de tentatives. Tantôt l'artiste s'est contenté de marteler le roc de façon à dessiner les contours d'un animal (p. 149) : je suis tenté de voir dans les grossières ébauches de ce genre les restes peut-être très anciens ou les procédés survivants d'un art commençant. D'autres fois l'artiste a soigneusement évidé la pierre, de façon à obtenir une figure en creux (p. 43) : il a produit une véritable intaille qu'il serait ridicule d'admirer et injuste de dénigrer. Malheureusement, nous n'avons encore que de trop rares échantillons de cette glyptique primitive. Parlons surtout des peintures.

Il faut remercier M. Christol pour les spécimens qu'il nous en procure. Ils nous donnent l'impression que les Bushmen sont encore plus habiles que les Esquimaux, auxquels on aime à les comparer. Les artistes de ces deux races sont arrivés à la même exactitude dans la représentation des animaux : les rennes des uns, les bœufs, les éléphants, les hippopotames et les gnous des autres sont frappants de ressemblance et de précision. Il y a là une sûreté et une légèreté de main qui confondent nos préjugés. Mais la représentation des hommes est singulièrement mieux réussie dans les œuvres des Bushmen. Peut-être cette supériorité tient-elle à la matière employée. Le Bushman dispose ses figures sur une surface plane et assez étendue ; l'Esquimau grave les siennes sur les bords étroits de ses armes[1]. Quoi qu'il en soit, et sans procéder à une absurde distribution de prix, il faut relever dans les tableaux des Bushmen un extraordinaire mouvement ; les attitudes y ont toutes les variétés et tout l'imprévu de la vie, parfois un irrésistible élan. De plus, les sentiments du peintre s'y trahissent avec une exquise naïveté. Sous le verre grossissant de la frayeur, l'ennemi prend pour lui d'énormes proportions. Dans une scène, que M. Christol n'a pas jugé à propos de reproduire, à cause de son réalisme candide et brutal, un Bushman combat une bête féroce :

---

1. On peut en voir des spécimens dans Lubbeck, les Origines de la civilisation, p. 37.

celle-ci est démesurément grossie et ce grossissement en dit long. Une autre peinture qu'il a copiée et reproduite représente une rencontre entre des Cafres et des Bushmen (p. 153); ceux-ci sont attaqués et, tandis qu'une partie d'entre eux chassent les bœufs et les vaches pour les mettre à l'abri, d'autres soutiennent le choc de l'ennemi : les assaillants sont des géants auprès de ceux qui essaient de leur résister.

Ce qui, dans ces essais de fresques, est le plus frappant, c'est peut-être la valeur des procédés techniques. On sait combien les débutants ont de la peine à relier comme il convient les bras et les jambes au reste du corps ; ils les font surgir parfois du cou, parfois de l'ovale ou du carré qui figure le buste. N'y a-t-il pas là l'origine de plus d'une idole fantastique ? Les premiers artistes ont dû commettre la faute qu'aucun enfant n'évite. Ils inséraient les membres où ils pouvaient. D'autres sont venus qui ont corrigé leur travail ; ils ont placé les jambes et les bras où il faut, mais sans effacer l'œuvre des prédécesseurs ; et ce qui n'était d'abord que la trace de tâtonnements artistiques est peu à peu devenu le symbole d'un dogme qu'a suggéré la vue du monstre involontairement créé... Les Bushmen dont on dé couvre les peintures ont dépassé depuis longtemps cette période de la maladresse grotesque. Pour si naïfs et gauches qu'ils soient, ceux dont nous relevons aujourd'hui les œuvres ont derrière eux une lignée très longue de précurseurs. Ils ont un vrai respect de l'anatomie humaine; et l'une des peintures que M. Christol nous présente reproduit assez exactement la silhouette offerte par certains muscles dans les diverses positions que prennent des tireurs d'arc (p. 145).

L'individu est très vivant dans toutes ces scènes figurées, mais il n'est personne. L'auteur n'a jamais voulu représenter tel ou tel, sinon il se serait appliqué à dessiner les détails de la tête, en particulier les yeux et les oreilles — surtout les oreilles, les non-civilisés attachant à cet organe une importance spéciale dans le signalement des gens. Or, le Bushman, qui reproduit avec tant d'amour la forme humaine, ne tient presque aucun compte de la tête. Dans une peinture dont je parlais tout à l'heure, l'artiste semble s'être complu à nous montrer des effets de torse et de membres; mais il s'est contenté de marquer la tête par une simple tache rouge. Est-ce par impuissance de faire mieux? Celui qui a su observer avec tant de finesse et noter avec tant d'exactitude les muscles de la cuisse

et du mollet, était certainement capable de dessiner
une tête. Remarquons, d'ailleurs, que la tête est dessinée dans d'autres peintures ; elle n'a ni yeux ni
oreilles, c'est une simple silhouette. Mais cette
silhouette évite précisément la faute dans laquelle
tombent tous les débutants. Dans nos écoles de dessin,
les élèves commettent toujours la même erreur : le
sommet de la tête, au-dessus des yeux, est beaucoup
trop court. M. Jacques Passy a fait à ce sujet une
enquête auprès de nombre d'artistes et de professeurs :
tous lui ont confirmé que les commençants « ne donnent jamais assez de cervelle à leur tête ». Or, quand
l'artiste bushman consent à représenter la silhouette
d'une tête, il évite cette méprise, du moins dans les
dessins que j'ai sous les yeux. Qu'en faut-il conclure ?
Tout d'abord qu'il ne s'attache pas à reproduire cette
partie du corps, parce qu'il lui prête moins d'importance que nous. Il s'intéresse au mouvement de la
vie et non pas encore à la personnalité. Mais l'explication n'est pas suffisante. La vérité complète est
que le non-civilisé est dominé par une superstition :
il croit que l'image d'un homme est liée d'une façon
mystérieuse à sa vie elle-même ; il n'aime pas qu'on
fasse son portrait : celui qui possédera ce portrait

ne pourrait-il pas avoir sur lui une influence fatale ? M. Christol n'a jamais obtenu du chef Letsié l'autorisation de dessiner ses traits ; le jour où ce chef s'est laissé photographier, il a soigneusement caché son visage derrière sa main.

Faut-il voir dans ces peintures la manifestation d'un art désintéressé qui n'a son but qu'en lui-même ? Faut-il y distinguer, comme d'aucuns le voudraient, la représentation symbolique d'une mythologie compliquée ? Faut-il y lire les récits d'événements réels ? Dans ce cas, elles marqueraient le moment où l'écriture devient à tel point esthétique qu'elle tend à prendre de l'importance pour elle-même.

Ces peintures contraignent enfin l'esprit de se poser une autre question : les Bushmen, qui paraissent être les aborigènes de l'Afrique australe, n'ont-ils point traversé une période de demi-civilisation ? D'une façon générale, les primitifs ne soupçonnent point le prix du temps. Les œuvres que nous venons d'examiner supposent un peuple dans lequel l'individu a des loisirs, n'est pas opprimé par les forces naturelles, obligé de lutter sans cesse contre la faim, menacé par des ennemis toujours présents. Se fondant sur l'étude de leur folk-lore, Callaway croit pouvoir affirmer que les Bushmen se sont jadis trouvés dans une situation intellectuelle, morale et sociale, bien supérieure à celle d'aujourd'hui. Son opinion, je le sais, est contredite par d'autres ethnographes ; je me

demande pourtant si elle n'est pas confirmée par ces peintures. La question est ouverte[1].

Et, maintenant, comment se fait-il que les ba-Souto, qui connaissent ces peintures, n'aient jamais eu l'idée de s'en inspirer ? Comment n'ont-ils pas

---

1. En tout cas, ces peintures permettent d'affirmer qu'en aucune période de leur histoire les Bushmen ne se sont adonnés à l'agriculture ; ils ne représentent jamais la plante, la seule exception que je connaisse à cette règle témoigne d'une maladresse instructive. Elle veut figurer un chasseur embusqué derrière un arbre ou un buisson.

reçu la suggestion de s'essayer au dessin? Ils ont un
tel talent d'imitation ; nous en verrons des preuves.
En voici une qui est intéressante. M. Christol nous
met sous les yeux les dessins dont un mo-Souto a couvert une canne, et l'on y constate l'influence heureuse
des peintures que nous venons d'étudier (p. 155).
Mais cette canne est presque unique en son genre ;
c'est presque le seul cas que nous puissions citer d'une
ornementation un peu compliquée ; surtout c'est presque le seul cas d'une imitation des peintures des
Bushmen, et il se trouve qu'il est très bien réussi. Les
ba-Souto ne sont pas plus maladroits que d'autres,
mais ils manquent d'initiative artistique. Nous allons
en rencontrer immédiatement une marque frappante.

II

Les rapprochements éclairent les études de psycho-
logie comme les autres. M. Christol, possédant des
spécimens de l'industrie des ba-Rotsé du Zambèze, a
eu l'heureuse idée de nous en donner des représenta-
tions aussi exactes que possible. Que nous apprennent-
elles ?

L'art que nous rencontrons ici n'est qu'un art dé-

coratif ; il consiste en l'embellissement d'objets usuels,
armes ou ustensiles. Comme tous les non-civilisés, les
ba-Rotsé s'attachent d'abord à représenter l'animal.
L'homme manifeste ses premières préoccupations esthétiques en couvrant son propre corps de tatouages
et de barbouillages qui nous paraissent grotesques ou
hideux, et qui le ravissent. Mais quand il songe à
reproduire l'image des objets qui l'entourent, il ne
commence point par celle de ce corps humain qu'il
admire pourtant à sa façon. Sur les débris préhisto-

COUVERCLE D'UN PLAT EN BOIS SCULPTÉ

riques, l'homme n'apparaît que par exception : il es
possible que des idées superstitieuses, dont l'écho ⟨
persisté chez bien des peuplades actuelles, soient l⟨
cause de ce fait. Les végétaux n'en sont pas totale·
ment absents, mais ils sont rares. C'est l'animal qu⟨

sollicite le plus souvent le burin de l'artiste primitif. Il ne faut donc pas nous étonner si les ba-Rotsé se plaisent en premier lieu à la représentation de l'animal. Un manche de cuiller, que j'avais naguère entre les mains, est hérissé de poissons qui se suivent à la file. Sur le couvercle d'un plat chemine béatement un crocodile. Dans les dessins de M. Christol, il faut regarder un autre plat qui a son couvercle surmonté de deux gnous dont les cornes sont très caractéristiques, mais dont le corps rappelle plutôt celui d'un porc (p. 277); peut-être faut-il attribuer cette œuvre au roi Lewanika lui-même.

Les ba-Rotsé ont un autre motif d'ornementation qu'ils multiplient sur leurs armes, leurs parures ou leur poterie; ce sont des combinaisons géométriques de lignes droites ou courbes. C'est là un genre de décoration dont n'usent jamais les ba-Souto, lesquels se trouvent ainsi inférieurs, non seulement aux Bushmen, mais encore aux Zambéziens. Il ne faudrait pas, cependant, exagérer cette supériorité des derniers. Si les combinaisons de lignes droites et courbes sont l'application d'une véritable géométrie, elles révèlent un haut degré de développement intellectuel; mais c'est là une hypothèse fort contestable. D'abord

rien ne prouve que les ba-Rotsé aient un développement intellectuel supérieur à celui des ba-Souto ; ils
peuvent être plus industrieux que ceux-ci ; ils sont
au-dessous d'eux sous d'autres rapports. Ensuite il
n'est point malaisé d'expliquer
l'origine de ces figures trian-
gulaires, carrées ou rondes, de
ces sortes d'entrelacs, qui produisent parfois de si jolis effets.
Semper, dans ses études sur les
débuts de l'architecture, a montré que le vannier, le tisserand
et le potier, en travaillant les
matières premières de leur industrie, ont créé, par le seul
jeu des procédés techniques, des
combinaisons de lignes et de
couleurs, des dessins, dont l'or-
nemaniste s'est emparé, dès qu'il

BOUTEILLE A PARFUM
EN PEAU DE CHAMEAU
(Algérie)

a eu à décorer les murs, les corniches et les plafonds
des édifices. Reprenant cette idée et la poussant plus
loin, je suis convaincu que les décorations de la poterie et de la plupart des autres industries dérivent
très souvent de celles de la vannerie. Voyez, parmi

les gravures de M. Christol, celles qui représentent des vases en bois, sculptés par les ba-Rotsé (p. 277) : les lignes qui les ornent imitent à merveille l'osier ou le jonc tressé[1]. Tous les faits confirment cette hypo-thèse. Voyez dans l'ouvrage classique de Ratzel[2] et dans l'album de Schweinfurth les spécimens de vases des Zoulou, des Dinka, des Bongo, des Niam-Niam : tous sont couverts de dessins qui rappellent, à s'y méprendre, la van-nerie. Autre exemple. Le peigne primitif était sans nul doute composé de la-melles de roseau, réunies par des joncs tressés. Le peigne des Bongo, que Schweinfurth met sous nos yeux, n'est pas autre chose[3]. Regardez celui des ba-Rotsé que M. Christol a reproduit (p. 289) : à l'en-droit où, dans le peigne primitif, se trouvent les

POT EN BOIS SCULPTÉ
PAR LES NIAM-NIAM

1. Ratzel (Vœlkerkunde, tome II, p. 114) reproduit un vase en bois des ba Rotsé qui présente exactement le même caractère.

2. Op. cit., II, p. 95.

3. Artes africanæ. Abbildungen und Beschreibungen des Kunstfleisses cen-tralafrikanischer Vœlker (en allemand et en anglais).

liens de jonc, celui-ci est orné de lignes qui se coupent suivant les règles naturelles de la vannerie[1].

Dans certains cas, la décoration dite géométrique peut avoir une autre origine. Elle imite alors des modèles naturels que fournit le monde animal ou végétal. Je n'en vois d'exemples ni dans les objets zambéziens que nous présente M. Christol, ni dans ceux que j'ai pu étudier au musée du boulevard Arago. Mais ils sont nombreux dans les tatouages de certaines peuplades africaines, comme celles d'Abéokuta. Une calebasse du Sénégal, qui se trouve à la Maison des Missions et qui, entre autres dessins, porte

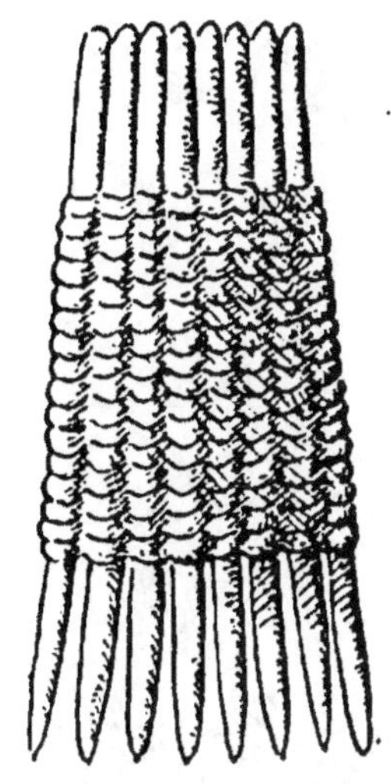

PEIGNE DES BONGO

celui d'un serpent, permet de constater comment l'influence de la vannerie et celle du monde animal ont pu s'exercer simultanément[2].

---

1. Le peigne des Monbuttu, reproduit par Ratzel et par Schweinfurth, inspire les mêmes réflexions.

2. Le dessous de cette même calebasse montre comment des feuilles peuvent devenir tout naturellement le point de départ d'une décoration géométrique.

On voit donc en quoi consiste l'ingéniosité de l'artiste. Elle est le résultat d'un effort plus ou moins difficile d'abstraction. Dans un cas, cet effort lui permet de distinguer de la forme d'un animal les dessins qui le couvrent. Dans le premier, il lui fait transporter dans une industrie les décorations spontanément trouvées dans une autre. L'invention ne consiste pas à créer de toutes pièces ces motifs d'ornementation, mais à les imiter sur une matière différente. Nul besoin, par conséquent, de prêter aux ba-Rotsé des études de géométrie qui leur sont parfaitement étrangères. Pourtant, sans être ce qu'on serait tenté d'imaginer, leur supériorité n'est pas moins réelle ; elle a consisté à trouver une idée très simple, mais très heureuse : celle de tracer sur les objets qu'ils façonnent les combinaisons de lignes

CALEBASSE
AVEC ORNEMENTS GRAVÉS

trouvées ailleurs. Il faut mettre ce don en rapport avec leur goût pour le travail.

M. Coillard, qui dénonce si souvent leur légèreté d'esprit, leur indifférence morale et les abjections de leur paganisme, leur rend un témoignage qui nous intéresse ici : « Ces ba-Rotsé m'étonnent, écrit-il[1] ; ils sont certainement, de tous les noirs que j'ai connus, les plus industrieux. Avec quelques outils seulement et des plus primitifs, ils font tout ce dont ils ont besoin. Les forgerons forment un clan à part. Non seulement ils fabriquent toutes les armes du pays, les pioches, les cure-nez, etc., mais donnez-leur un modèle, et ils vous feront des clous de la dimension voulue, des haches, des bêches, etc. Ce ne sera pas de l'acier, mais une bonne imitation. Il y a des armuriers — en très petit nombre, je dois le

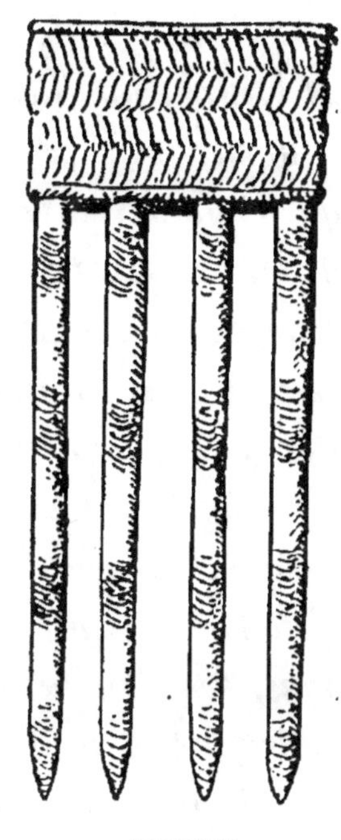

PEIGNE
DES MONBUTTU

---

1. Sur le Haut-Zambèze, p. 444. Berger-Levrault et Cⁱᵉ. 1898.

dire ; — ils ne peuvent pas faire le canon d'un fusil, sans doute, mais ils en font la crosse et vous la montent avec autant de fini qu'un Européen... Lewanika aime le travail. A l'ombre d'un bosquet touffu..., il s'est fait un atelier. Vous le trouverez là, dans ses heures de loisir, travaillant de ses mains avec une dizaine d'ouvriers sous ses ordres. Que fait-il là ? Ou plutôt, que ne fait-il pas ? Tantôt, c'est un petit canot de fantaisie, la charpente démontable d'une immense tente, un lit de camp ingénieux, un véhicule de son invention destiné à transporter les canots des blancs aux chutes de Ngonyé et à lui rapporter beaucoup d'argent ! Tantôt, c'est un instrument de musique qu'il fabrique, ou bien c'est un plat, sur le couvercle duquel il se plaît à sculpter quelque animal sauvage, des poissons, des oiseaux, ou bien encore c'est un bracelet d'ivoire, une épingle à cheveux qu'il cisèle avec délicatesse. Tous les ans, il conçoit un nouveau plan pour sa barque royale. La Nalikuanda de l'an passé est une monstruosité de 120 pieds de long, où il a essayé de mettre à profit les données vagues qu'il a glanées ci et là sur la manière dont les blancs construisent leurs bateaux... »

Pourquoi ce don très réel n'a-t-il pas abouti à un

art plus développé? La cause de cet arrêt est purement sociale. Une autocratie capricieuse annihile tous les efforts et les paralyse, en interdisant les besoins qu'ils devraient satisfaire. C'est l'homme et non pas la nature qui, neuf fois sur dix, rend impossible le progrès.

III

Revenons aux ba-Souto. Y a-t-il lieu de parler de leur art? Il est clair que, si nous nous laissons dominer par notre idée du beau, si nous ne voulons tenir compte que des Joconde et des Vénus de Milo, un voyage au Lessouto ne nous apprendra rien ; nous passerons, dédaigneux et distraits. Mais les chefs-d'œuvre de nos musées n'ont pas été sans antécédents laborieux ; ils n'auraient pas été possibles sans un long effort de l'humanité, sans une série d'ébauches qui peuvent nous paraître lamentables ou grotesques, mais qui creusent un abîme entre notre espèce et l'animalité. Notre idée du beau ne s'est dégagée que lentement ; loin d'avoir présidé à l'évolution de l'art, elle en est le résultat et la floraison.

L'art est l'expression d'un besoin et d'un méconlentement. Ce besoin est celui de dominer ses sensations au lieu de les subir ; c'est celui de les provoquer et de les organiser au lieu de les recevoir toutes faites et tout arrangées. Ce mécontentement est une forme de l'ennui ; il naît de l'insupportable monotonie du réel et de notre impuissance à assister, passifs, au déroulement toujours le même de ce qui est. Il sort d'une exigence de la vie qui déborde et veut s'incarner dans des créations.

Et voilà pourquoi il nous faut chercher la première œuvre d'art avant que l'homme produise un objet qui existe en dehors et indépendamment de lui. Voyez l'enfant. Il n'a pas besoin de beaucoup de jouets pour s'amuser : il sait fort bien s'en passer. Mais alors il se plaît à représenter un personnage qu'il n'est pas. Il ne lui est même pas nécessaire de se travestir. Qu'il se mette à parader, à marquer le pas, comme un soldat, et il se figure vite qu'il est revêtu d'un bel uniforme, il est convaincu que « c'est arrivé ». Qu'éprouve-t-il alors, sinon la joie de la création ? Les enfants des ba-Souto sont comme les nôtres, et beaucoup de leurs jeux sont des scènes imitées de la vie réelle. Comme aux nôtres, il leur faut aussi des êtres fictifs qu'ils animent, avec lesquels ils

s'entretiennent, dont ils composent un monde fami-
lier. Mais ils ont un avantage sur les petits Européens. Ceux-ci ont le malheur d'être très gâtés par
leurs parents, grands-parents, oncles ou tantes, et
d'avoir à leur disposition trop de riches bazars. Ils
n'ont à construire aucun des objets dont ils s'amusent;
leur seule ressource est de les briser, de les démonter,
d'en faire des monstres, ce qui est une manière de
produire du neuf. Et quand ils respectent leurs soldats de plomb ou les animaux de leur bergerie, c'est
à la condition de les disposer à leur guise et d'en
créer toutes les combinaisons. Les petits ba-Souto n'en
sont pas réduits à cette misère dorée. S'ils veulent des
jouets, ils doivent les fabriquer et ils ne s'en font pas
faute. Les documents que M. Christol nous met sous les
yeux sont uniques dans leur genre (p. 113); ils nous
montrent comment, avec un peu de terre glaise, ces
enfants peuvent fabriquer un cheval à roulettes, un
cavalier, un chariot avec son cocher et ses bœufs, des
huttes avec leur lélapa ou petite enceinte de roseaux;
des figures d'homme ou d'animaux, etc. Tous ces
objets sont fort intéressants. En quoi sont-ils inférieurs à d'autres qui sont exposés dans les vitrines du
Louvre et qui proviennent de la Grèce ou de Rome?

Je ne le distingue pas ; je les trouve même plus gracieux (p. 100). M. Christol fait lui-même ces rapprochements. En voici un autre que je me permets de lui
indiquer. Un fragment d'une statuette de terre cuite
trouvé par le général di Cesnola, à Chypre, est probablement, d'après M. Isaac Taylor, la plus ancienne
représentation que nous possédions d'un homme à
cheval. Elle est beaucoup moins dégagée que celle des
petits ba-Souto. L'homme a l'air d'embrasser la tête
de l'animal. Il est probable que ces bras qui n'en finissent pas se confondent avec le licou que l'artiste n'a
pas su représenter.

Regardons un peu la tête d'homme modelée par
un de ces enfants. Ce qui y frappe, c'est l'exagération du nez. Ce trait se rencontre dans tous les dessins
d'enfants européens ; il est instructif de le rencontrer
chez ceux des petits ba-Souto. Rien ne prouve mieux
que l'enfant ne regarde pas vraiment son modèle ; il
a des impressions et il les suit. Il a remarqué qu'il
y a dans un visage un nez, une bouche, un menton ;
à mesure qu'il exécute un de ces détails, il ne songe
ni à le rapporter à l'ensemble et à l'y proportionner,
ni à en reproduire l'image exacte ; un nez est pour
lui un appendice, et l'on s'en aperçoit.

L'adulte continue l'enfant. Sa première œuvre d'art, c'est lui-même. Son propre corps en est la matière. Il lui arrive de le sculpter. Les déformations du crâne, les mutilations volontaires, les échafaudages de chevelure sont autant de manières de faire mieux que la nature en modifiant l'aspect du corps humain. Les ba-Souto n'y ont pas recours. Une femme qui veut se faire belle commence par se raser entièrement la tête; elle la frotte ensuite d'antimoine, de façon à obtenir un noir bleuâtre. Puis, sur son torse et ses membres bien graissés, elle étendra une couche d'ocre. Son visage ne laissera plus rien à désirer s'il est taloué de lignes droites se dirigeant vers l'oreille. L'homme se contentera de graisse pour son corps; au lieu de se raser toujours la tête, il conservera volontiers une ligne de cheveux bizarrement disposée; quelquefois, avec de petites touffes qu'il respectera, il se fera des ornements étranges. C'est par exception qu'il recourra à cette ornementation naturelle; il ne paraît pas avoir, au sujet de son corps, les excessives prétentions d'autres peuplades. Ce serait pourtant errer que de les méconnaître chez lui. Il n'est pas étranger à ce premier balbutiement de l'art.

Le mo-Souto renonce à sculpter son corps, il ne le peint guère. Mais il s'efforce de l'embellir à l'aide d'accessoires. Il aime les objets de parure. Il met quelquefois un collier ; pour les danses il ne manque pas d'affubler sa tête de panaches et de houppes. La femme se charge de verroteries. Elle couvre ses jambes d'anneaux de laiton au point de paraître avoir des guêtres métalliques où le rouge et le jaune alternent. Tous ces ornements peuvent être plus ou moins grossiers ou plus ou moins soignés ; ils n'ont pas leur but en eux-mêmes et le non-civilisé ne songe pas à les considérer comme des objets d'art. L'objet d'art, c'est son corps lui-même ; les colifichets dont il le couvre ne sont appréciés que par rapport à ce corps qu'ils aident à transformer. Par eux il donne une expression visible à l'idée qu'il veut qu'on ait de lui-même ; il prétend se créer lui-même et faire mieux que la nature.

Le vêtement apparaît comme partie intégrante du corps et peut l'embellir. De là les ornements dont on l'agrémente. Le manteau en peau de bœuf dans lequel se drape une femme mo-Souto sera soigneusement garni, en haut, de quatre ou cinq bourrelets de perles et, en bas, de cercles également en perles. Les pans qui retombent par devant seront sillonnés d'ornements de même style. L'homme, dans son costume de peaux de blaireau ou d'antilope, cousues ensemble, découpera des trous et les remplira de pièces ingénieusement rapportées dont l'effet sera jugé ravissant.

Les armes nationales tendent à disparaître ; les assagaies sont rares, rares aussi les boucliers. Or, les armes sont encore le prolongement de la personnalité. Aussi avec quel soin on a coutume de les orner ! Un bouclier donne sa physionomie à une peuplade ; comparez celui des Zoulou, celui des ba-Souto, celui des ba-Rolong : ils sont très différents. Le mo-Souto surmonte le sien d'un plumet belliqueux (p. 139):

A force de vivre avec sa canne, on finit par en faire une partie de soi-même. Aussi le mo-Souto, si peu artiste qu'il soit, songera parfois à l'orner ; il lui adaptera une poignée en corne, plus souvent il la surmontera d'une tête de singe ou d'homme (p. 114). Il y a pourtant deux objets qui lui sont peut-être plus chers que sa canne : ce sont sa tabatière et la spatule — je demande pardon du détail — qui lui sert de mouchoir de poche. Comme il leur réserve sa tendresse, il en recevra ses plus fréquentes inspirations esthétiques.

Il découpera avec amour le manche de sa spatule, il l'agrémentera de fils de laiton soigneusement tressés (p. 276); il taillera sa tabatière en forme d'animal (p. 106) et, comme il n'a pas de poche, il la portera fièrement suspendue à son bras ou à son cou ainsi qu'une breloque.

L'habitation continue la personnalité et l'exprime. Cela est vrai surtout pour la femme, car l'homme vit beaucoup plus qu'elle au dehors. C'est le mari qui construit la hutte, mais sans préoccupation de la beauté; c'est la femme qui en crépit les parois et qui, parfois, songe à les orner de quelques ébauches de dessin (p. 88). C'est elle qui, devant la hutte, construit la petite cour de roseaux appelée lélapa, *et elle édifie cette haie avec tant de soins que, vue à une certaine distance, celle-ci a l'air d'être en vannerie. C'est encore la femme qui fabrique les poteries; elle réussit, avec un tesson pour seul outil, à leur donner des formes parfaitement arrondies et d'une réelle élégance. Elle s'essaie à les vernir et elle y parvient, mais elle a moins de succès dans la cuisson de son œuvre, et cet échec fréquent tient surtout au défaut d'un combustible approprié. Des deux vases que nous montre M. Christol, l'un se termine en haut par une*

tête d'oiseau, l'autre a la forme d'une petite oie
(p. 89); il me semble bien qu'il y ait là l'indice
d'une influence européenne. Sur les vases des ba-Souto
les dessins géométriques sont tout à fait absents. On
en aperçoit quelques-uns sur un mortier à concasser le
maïs (p. 108), mais l'imitation des Tambuki est ici
flagrante. Un autre dessin de M. Christol est singulièrement instructif. Il représente une cuiller sculptée
par un mo-Souto (p. 110). Une inspection rapide
nous fait croire que le long manche de cette cuiller
est couvert de figures géométriques; regardons-le de
plus près : il est formé de deux serpents entrelacés.
L'animal dont il s'agit fournissait précisément un
motif de décoration géométrique; comment se fait-il
que l'artiste n'ait jamais distingué de la forme générale de l'animal les dessins qu'il présente et qu'il
n'ait jamais songé à les imiter? M. Casalis parle de
cuillers dont la tige figure une girafe, la tête haute,
les pieds reposant sur le disque; Fritsch et Ratzel re-
produisent l'image de cet objet. Ici encore l'animal
pouvait suggérer l'idée de ces dessins qui n'ont jamais inspiré un mo-Souto. Ce ne sont donc pas les
modèles qui manquent à ces indigènes, c'est l'initiative inventrice ou rénovatrice.

CUILLER
faite par un indigène
du Lessouto.

IV

Le contact des Européens a-t-il eu pour effet de développer les ba-Souto ? Nous nous ne occupons ici que de ce qui tombe sous les sens. Leur vie morale mériterait, pour elle seule, une longue étude, et je ne me sens pas le droit de profaner, en des paroles trop brèves, ce qu'il y a de plus intime dans des âmes d'hommes.

L'on trouve aujourd'hui, chez les ba-Souto, nombre d'objets qui trahissent l'imitation de notre industrie. Les bagues, broches, épingles, bracelets que M. Christol met sous nos yeux, sont instructifs (p. 135). Les indigènes savent très bien copier les objets étrangers et, leur intérêt une fois éveillé, ils donnent parfois à leur copie une originalité imprévue. Ils ont observé que ces colifichets, fabriqués en Europe, affectent volontiers la forme de choses usuelles. Ils retiennent ce principe et ils l'appliquent à leur manière.

Ils surmonteront une épingle d'un petit soulier ; en quoi est-ce moins noble que le fer à cheval que nous multiplions ? Ils monteront en broches de petite flèches et de minuscules boucliers. Notons qu'ils imitent toujours la forme de l'objet ; ils n'en abstraient jamais une autre qualité. De là la perfection relative avec laquelle les femmes reproduiront en terre cuite une bouilloire, une carafe, une marmite (p. 88). Sur des indications précises, les indigènes construiront des meubles assez compliqués. Une cheminée moyen âge, fabriquée sous la direction de M. Preen, de l'École industrielle de Leloaleng, est une œuvre fort présentable. La chaire de la chapelle de Letsueneng est convenablement réussie (p. 125).

Ce qui paralyse l'industrie des ba-Souto, c'est d'abord le régime social de leur peuplade. L'individu n'est le vrai propriétaire de rien. Il est le vassal taillable et corvéable à merci d'un suzerain absolu. Le chef s'appelle, dans la langue du pays qui n'y met pas de malice, le mokuéna, c'est-à-dire le crocodile, et il justifie bien son nom en « mangeant » sans cesse ses sujets, c'est-à-dire en les pillant. La servilité, le manque de sécurité, engendrent la paresse ; et l'on peut se demander si la nonchalance des indi-

gènes n'est pas le résultat de cette oppression séculaire.
En tout cas, elle en est singulièrement aggravée.
L'apprentissage fini, les élèves de l'école de Leloaleng
tombent trop souvent entre les mains de chefs qui
prétendent avoir le monopole de leur travail et les
annihilent [1].

Un autre malheur pour l'industrie des ba-Souto,
c'est l'invasion des marchandises européennes dont le
prix est souvent dérisoire. Pourquoi fabriqueraient-
ils des couteaux et s'appliqueraient-ils à les fabriquer
meilleurs et plus jolis que ceux d'autrefois, quand on
les achète à si bon compte dans le magasin d'un mar-
chand blanc? A quoi bon tresser des chapeaux pour
les vendre? On voudrait en obtenir 2 fr. 50 c. et on
les trouve au bazar pour 1 fr. 25 c. Il est fort probable,
par conséquent, que les ba-Souto fabriqueront toujours moins de ces petits objets que M. Christol a pu
collectionner. L'importation empêchera une industrie
originale de naître ; et, ainsi, nous ne saurons jamais

---

1. Pendant que je corrige les épreuves de ce travail, je trouve, dans le dernier numéro du Journal des Missions, une nouvelle qui prouve que les indigènes ont une intelligence croissante des bienfaits de la civilisation. Le chef
Lerothodi a décidé de créer une nouvelle école industrielle qui sera fondée avec
les deniers de ses sujets eux-mêmes ; dès le 27 avril dernier, il avait réuni
45,000 fr., et, au milieu de juin, 75,000 fr. Il y a là un heureux symptôme.

*

ce que les ba-Souto, relevés par le christianisme, initiés par lui au travail, soumis à une discipline volontaire, seraient arrivés à produire d'eux-mêmes.

Est-ce à dire que, dans les choses visibles et tangibles, on ne puisse pas distinguer l'œuvre de l'Évangile?

Il y a d'abord à noter le changement des physionomies. Je n'insinue pas que les ba-Souto chrétiens, par le fait de leur conversion, deviennent des Adonis. Mais quelque chose de nouveau tend à apparaître dans les visages. Le calme intérieur — quand il est réel et profond — se reflète sur les traits du chrétien, comme se reflètent tour à tour, sur ceux du païen, l'apathie morne ou l'agitation passionnée de l'âme.

Une personne qui conquiert le sentiment de la dignité sent peu à peu le besoin de se respecter dans son corps. Elle devient plus propre. Puis cette transformation tend à passer dans ce qui lui tient de plus près, dans ce qui est l'enveloppe de sa vie quotidienne et doit en reproduire l'image, dans l'habitation. Le chrétien — rarement imité par le païen — renonce à la hutte d'autrefois, étroite et sans aération. Il construit une sorte de maison en mottes de gazon, en briques crues ou en pierres; il lui donne des dimensions un peu plus larges qu'au gîte du temps jadis, il la munit de petites meurtrières qui font l'office de fenêtres. Dans cette demeure, à peu près grande comme un wagon de chemin de fer, il mettra plus d'ordre, il introduira plus de confort. Il suspendra à une certaine hauteur le seau qui contient l'eau de la famille, afin qu'elle ne soit point souillée par les chiens. Le chrétien a plus de besoins vraiment humains ; il est impossible qu'à la longue, rompant le charme d'une nonchalance héréditaire, l'aiguillon de ces besoins ne le rende plus industrieux.

Il est vrai que ce progrès entraîne avec lui une tentation. A l'origine de la parure est le sentiment de la vanité. Or, la vanité est toujours à l'affût. Elle se déguise avec plus ou moins de malice ou de candeur, et elle s'insinue dans l'âme au lieu et place du respect de soi. La coquetterie risque de devenir le péché mignon des chrétiennes ba-Souto. Les missionnaires, qui sont sur leurs gardes, ne manquent pas une occasion de la dénoncer et de la condamner ; et ces occasions ne sont pas aussi rares qu'on le désirerait : des fiancées ne rêvent-elles pas de se présenter à la bénédiction nuptiale dans une toilette qui absorbera le meilleur de leurs économies ? Je ne voudrais pas

que, selon la coutume de l'anthropologie dite scientifique, on s'emparât de ce détail, franchement rap-
porté, pour me faire dire : « De l'aveu des missionnaires, toute négresse convertie est une insupportable
coquette. » Tout ce que j'énonce, c'est que la préoccupation de la parure peut être excitée par le progrès
intellectuel et social ; par une dérision qui n'est bizarre
qu'en apparence, elle peut se greffer sur le progrès
moral, être provoquée par un sentiment croissant de
la dignité. Mais est-ce à l'Évangile lui-même qu'il
faut imputer ce fait ? N'est-ce pas, au contraire, à une
intelligence superficielle et erronée de cet Évangile ?

Il est temps de nous arrêter. Voilà de fort longues
considérations à propos d'objets matériels que le vulgaire consentirait à peine à regarder d'un œil dis-
trait. A l'occasion d'un livre de missionnaire, nous
nous sommes égarés, semble-t-il, très loin de la
Mission.

Ce n'est qu'une apparence. En fournissant des
documents à la science, la Mission chrétienne ne né-
glige pas ses intérêts vitaux. L'anthropologie s'est
constituée trop souvent à l'aide de données incohé-
rentes et fournies dans une trop large mesure par des

voyageurs incompétents en matière morale ou hostiles
de parti pris à la propagande de l'Évangile. On ne
se doute pas de quel amas de renseignements contra-
dictoires, de calomnies systématiques, de préventions
aveugles, même de niaiseries, sont encombrés les
livres qui prétendent instruire l'opinion publique sur
les capacités et l'avenir des peuples dits sauvages et
sur l'œuvre des Missions. C'est pitoyable et c'est
dangereux pour la tâche héroïque et obligatoire de
l'Église. La science des peuples non civilisés doit être
édifiée à l'aide des hommes qui les connaissent vraiment et qui, pour les connaître, ont commencé par
les aimer et se consacrer à leur salut.

Aussi bien nous sommes-nous trouvés, pendant
quelques instants, tout près des Bushmen, des ba-
Rotsé, des ba-Souto. Quand je considérais leurs peintures, leurs ustensiles, leurs parures, ils me semblaient
sortir de cette brume lointaine qui les enveloppe et
les dérobe à nos regards ; ils devenaient des êtres con-
crets et vivants. Sommes-nous bien sûrs de ressentir
pour les peuples au milieu desquels les représentants
de nos Églises peinent et luttent autre chose qu'un
intérêt théorique ? C'est que ces peuples finissent par
être pour nous de pures et simples abstractions. Le

remède à ce mal est d'évoquer avec précision la réalité. Par la représentation nette de tel détail, de tel geste, de tel ornement, de telle arme, on voit tout à coup surgir devant soi l'image frémissante des hommes réels avec toutes leurs humiliations et leurs détresses. Dans cette chapelle de la Maison des Missions où les murs crient les misères et les abominations du paganisme, est-il possible au plus froid d'éprouver pour les païens une sympathie de tête et d'en parler avec des phrases de convention? Le missionnaire travaille pour la Mission, quand il grave et fixe dans les imaginations la physionomie précise du peuple qu'il s'efforce de conquérir au Maître.

N'avons-nous pas touché, en finissant nos analyses, à une question capitale pour l'avenir du Lessouto, celle de l'industrie? Il faut que les indigènes se mettent au travail, qu'ils développent leur initiative. Il y va d'abord de leur salut moral. L'homme dont l'intelligence et les bras sont actifs est protégé contre le vertige des mauvaises convoitises et des rêveries malsaines. Il y va du salut de la nation elle-même. Un missionnaire, M. Alfred Casalis, l'écrivait récemment : « *La colonie du Cap et, en général, les États du sud de l'Afrique avancent à grands pas dans la voie du progrès. Il faudra bien que le Lessouto emboîte le pas. Un petit pays purement indigène, un État nègre, pour parler vieux style, marchant à la mode nègre, deviendrait en pleine colonie du Cap, peut-être au milieu des États-Unis de l'Afrique du Sud, un inacceptable contresens. Or, c'est une loi formelle, un peuple ne peut s'isoler et s'enrayer au milieu du mouvement qui entraîne les pays limitrophes. Il suivra ou il périra. »* Les documents publiés par M. Christol font voir avec netteté où en sont les ba-Souto à la fin de ce siècle. Dans cent ans, un mo-Souto pourra-t-il mettre sous les yeux de l'Europe une nouvelle collection de gravures prouvant la transformation du pays par le travail des indigènes ou, en d'autres termes, la rénovation sociale d'un peuple par l'Évangile ? S'il ne le peut pas, c'est que la nation, que nos missionnaires avaient espéré de reconstituer avec l'aide de Dieu, aura disparu. Nous n'acceptons pas cette idée ; mais elle montre le tragique de la question posée.

RAOUL ALLIER,

Professeur à la Faculté de théologie protestante de Paris.

La France

AU SUD DE L'AFRIQUE

Il n'y a pas besoin d'être bien fort en géographie pour savoir qu'il n'existe pas de possessions françaises dans l'Afrique du Sud. Mais cela ne veut pas du tout dire que la France y soit ignorée, car, en y regardant de près, nous pouvons être étonné de retrouver à l'extrémité du noir continent tant de traces de la foi, de la vaillance, comme de l'intelligence de nos compatriotes du temps passé.

Il y a, à la bibliothèque publique de la ville du Cap, deux beaux manuscrits français du moyen âge. L'un d'eux, un livre d'heures, a appartenu à Marguerite de Valois ; l'autre est une remarquable copie du *Roman de la Rose*.

J'y ai vu aussi un curieux atlas où j'ai pu copier

la bizarre vue de la ville du Cap qui figure ci-
dessous. Cet atlas fut publié par ordre des rois de
Portugal, en français, chez Pierre Mortier, à
Amsterdam, en 1693 !...

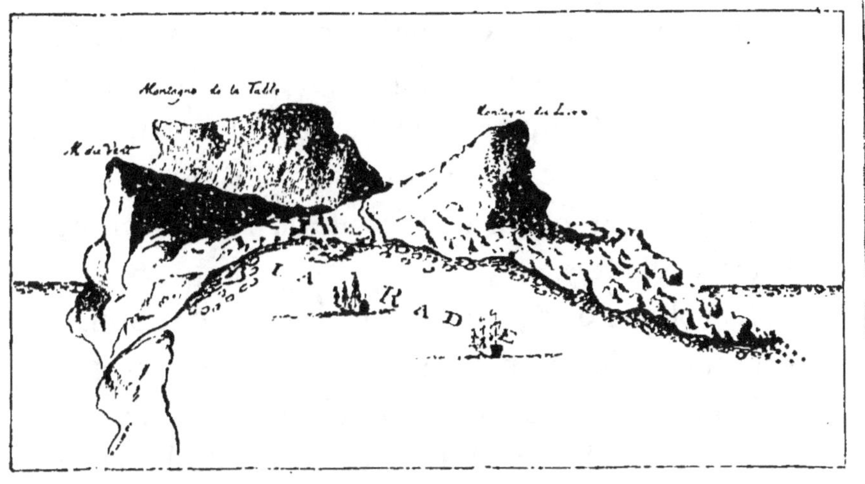

VUE DU CAP DE BONNE-ESPÉRANCE

(D'après une gravure française de 1693.)

Mais ce n'est pas tout. Si, à Paris, « on est fier
d'être Français en regardant la colonne », comme
le dit une chanson, là-bas, au Cap, on l'est aussi
un peu en regardant l'observatoire !

Des astronomes français commencèrent dans
ces parages, à la fin du XVIIᵉ siècle, des observa-

tions astronomiques[1] qui furent poursuivies vers 1751 par le savant Louis de la Caille, et, bien que ces études aient été reprises plus tard par des savants anglais, ledit Institut, dont s'honore à bon droit la ville du Cap, parle de la France !

Mais il y a mieux : vous savez que les Boers, habitant la colonie du Cap de Bonne-Espérance, l'État libre d'Orange et même le Transvaal, sont en grande partie des descendants de nos pères, chassés de France à la suite de la révocation de l'édit de Nantes.

La colonie du Cap doit à ces derniers une bonne part d'une de ses plus grandes richesses : ses magnifiques vignobles, dont la culture n'a vraiment pris son développement qu'à la suite de l'arrivée de nos pères.

Ces derniers s'établirent dans une contrée fort pittoresque qui porte encore le nom de *Fransche-Hoek* — le Coin français — et qui est devenue une des plus florissantes de la colonie. On y montre encore « l'arbre des huguenots », provenant, dit-on, de glands rapportés de France par les exilés.

---

1. *L'Afrique méridionale,* par E. Reclus.

Le Coin français est dominé par une montagne
assez élevée et nommée « la montagne de Simond »,
du nom d'un des pasteurs venus d'Europe avec les
réfugiés.

La jolie petite ville de « La Perle », située non
loin de là, a été fondée par nos ancêtres qui lui
donnèrent ce nom à cause d'un gros rocher de
forme arrondie qui couronne la hauteur voisine.
Le curieux clocher de l'église protestante hollandaise de cet endroit que vous voyez ci-après (p. 7),
est entouré de tombes dont quelques-unes portent
des noms français et qui datent de la fin du siècle
dernier.

Je n'ai pu rencontrer aucun objet remontant à
l'époque de l'exode de nos pères ; aucun de leurs
descendants ne parle français ; mais rien n'est touchant comme l'intérêt qu'ils ont conservé pour la
patrie de leurs ancêtres et la religion de leurs pères.

Les Leroux, Marais, Dutoit, Malherbe, que l'on
me mena visiter à la « vallée du Charron » et aux
environs, me reçurent comme un des leurs. Ces
braves gens ne parlaient guère que le hollandais,
aussi nous ne pouvions pas nous dire grand'chose,
mais nous comprenions tout de même que nous

L'ÉGLISE DU COIN FRANÇAIS ET LA MONTAGNE DE SIMOND
(D'après une photographie.)

étions frères au double titre de Français et de huguenots.

J'ai eu l'occasion de voir l'arbre généalogique d'une de ces vieilles familles, anoblie dans le temps par les rois de France et dont les armoiries figurent en tête dudit document.

Le chef de cette famille, François du Toict, quitta la France avec sa femme Suzanne Seugnet, en 1688, à la suite des persécutions et mourut, en 1734, à Drakenstein.

Leurs descendants sont nombreux; plusieurs sont pasteurs, un autre était ou est encore ministre du gouvernement de la colonie.

Enfin, il y a environ vingt ans, le pasteur Andrew Murray, de Wellington, dont le nom est connu parmi nous, car plusieurs de ses livres ont été traduits du hollandais dans notre langue, désira, ainsi que quelques descendants français, faire quelque chose qui fixât ce glorieux nom de « huguenot » et devînt comme un monument élevé à la mémoire des réfugiés. Par suite de diverses circonstances, M. Murray, fut amené à fonder un collège pour jeunes filles sur le modèle de certaines institutions américaines.

LE CLOCHER DE L'ÉGLISE HOLLANDAISE DE LA PERLE

Cette école supérieure prit le nom de *Huguenot Seminary* et ne tarda pas à devenir, sous la direction de miss A. Fergusson et d'autres dames américaines, une excellente maison d'éducation chrétienne dont l'influence, augmentée par la création d'autres institutions se rattachant à celle-ci, contribua puissamment à relever l'éducation supérieure, non seulement dans la colonie du Cap, mais dans tout le Sud africain. Le nom de « huguenot » est bien porté, et nous avons lieu d'être honorés d'avoir un tel filleul.

L'église missionnaire, fondée aussi à Wellington, mérite d'être citée. Son pasteur fondateur, notre compatriote, M. J. Bisseux, qui vient de mourir à l'âge de 88 ans, a dirigé pendant 50 ans cette œuvre créée pour les indigènes, alors que ceux-ci étaient encore esclaves.

M. Bisseux a été remplacé il y a 15 ans environ par M. J.-C. Pauw, d'origine hollandaise, qui a présidé à l'érection de la jolie chapelle représentée ci-contre. La congrégation qui s'y réunit est une des plus actives et probablement aussi des plus aisées de l'Afrique méridionale.

Ces anciens esclaves et leurs descendants, qui

LA CHAPELLE DES INDIGÈNES A WELLINGTON
(D'après une photographie.)

vénèrent le nom de la France, ont pu réunir plus de 25,000 fr. pour aider à payer les frais de construction de leur chapelle, et chaque année ils sont le traitement de leur pasteur, pourvoient à l'entretien de l'école primaire et contribuent à d'autres œuvres missionnaires faites parmi les nègres !

Dans cette grande œuvre de la fin de notre siècle — la civilisation du continent africain, — la part de la France protestante n'aura été ni la moins importante, ni la moins glorieuse.

C'est d'abord la mission parmi les Bassoutos[1], dont le développement a fait de leur modeste pays une vraie colonie religieuse de notre protestantisme français ; plus au nord, il y a la mission chez les Barotsis des bords du Zambèze, plus haut encore, celle du Congo, puis du Sénégal, de la Kabylie, et enfin celle de Madagascar, la plus récente en date des œuvres dirigées par la Société des missions évangéliques de Paris.

---

1. Leur pays est situé dans l'Afrique méridionale entre 25° et 27° longitude est de Paris et sur 29° latitude sud.

Un Panorama du Lessouto

UN PEU DE GÉOGRAPHIE

Hermon, octobre.

Nous avons profité de la présence d'un collègue nouvellement venu d'Europe pour faire une promenade à pied, à laquelle il est dommage que vous n'ayez pu vous joindre, car elle vous aurait donné une idée assez complète sur tout le Lessouto[1].

Comme consolation à votre absence forcée, je vous invite à me suivre, en vous recommandant de prendre un peu de patience et une paire de lunettes si vous vous en servez ordinairement.

Nous gravissons d'abord les collines qui dominent la station, et bientôt nous arrivons au som-

---

1. Remarquons en commençant que *Lessouto* désigne la contrée ; le *sessouto* est la langue ; *Mossouto* indique un individu, tandis que *Bassouto* est le pluriel de ce mot.

met de la plus éloignée et de la plus haute de ces éminences, qui s'étendent jusqu'au Calédon et que les Boers désignent sous le nom de Yammersberg — montagne des Soupirs — sur laquelle il y avait des lions il y a peine plus de cinquante ans!

Nous sommes à plus d'une heure de la station, et au point où nous sommes arrêtés, il y a un amas de pierres qui indique la frontière de l'État libre de l'Orange et du Lessouto.

La vue qu'on a de ce point est certainement la plus belle qu'on puisse avoir dans le pays, et forme un panorama des plus complets.

Comme vous n'avez pas à craindre le vent que nous avions là-haut ce matin, ni l'ardeur du soleil qui nous rôtissait si généreusement, nous pouvons nous arrêter à loisir et chercher à nous orienter.

Au sud, c'est-à-dire à droite, mais en dehors du dessin, nous avons la frontière de l'État libre, indiquée par des pierres fixées en terre, reliées par du fil de fer et dont le développement s'étend à perte de vue jusqu'aux collines lointaines des environs de Mohale's Hock, magistrature située non loin de la station de Béthesda.

Du même côté, mais dans le dessin, nous aper-

VUE DE LA STATION D'HERMON

cevons les collines derrière lesquelles se trouvent les stations de Siloé et Thabana-Morena. Non loin de là, voyez-vous, au bas des montagnes, une ligne d'ombre ? Ce sont les eucalyptus de Maféteng, une autre des sept magistratures du pays.: elle est à une heure et demie d'ici ; c'est là que nous envoyons, une fois par semaine, chercher la poste, c'est aussi un bureau télégraphique depuis deux ans environ.

Sur la gauche de Maféteng, au pied de la montagne ronde, est la station de Makéneng, la plus voisine d'Hermon.

Un peu plus bas, et sur la route qui va de Maféteng à Wepener, petit village boer dans l'État libre s'élève, isolée, la colline de Qalabane (vous êtes prié de prononcer la première syllabe de ce nom avec un claquement de langue).

C'est là qu'à eu lieu une bataille relativement célèbre, entre les Anglais de la colonie et les Bassoutos, lors de la guerre de 1880 et où ceux-ci ont battu ceux-là. Nous avons à cet endroit, depuis peu, une annexe importante ; vous pouvez même, avec de bons yeux et de la bonne volonté, apercevoir la chapelle.

COLLINE DE QALABANE

En face de nous, l'horizon est borné par la chaine des Maloutis, appelée *monts Kouatlamba* sur les cartes françaises, ou montagnes Bleues.

Sur la gauche, vous pouvez remarquer deux petites pointes faisant partie de cette chaîne de montagnes; juste au-dessous de ces deux pics il y a une ligne horizontale : c'est le plateau de la montagne de Mankhoarané, au pied de laquelle est située la station de Morija, la plus importante de notre mission, à environ quatre heures d'ici à cheval.

Beaucoup plus à gauche se dresse Kolo, l'une des plus belles montagnes du pays; à sa droite se profile celle de Machache, non loin de laquelle se trouve la station de Thaba-Bossiou. Tout à fait à gauche, en suivant la longue montagne plate de Qémé, dont nous n'apercevons que le commencement, nous pourrions arriver à la station de Bérée; puis à Maseru, siége du résident général et des services administratifs.

En nous tournant toujours vers la gauche, mais en dehors du dessin, on voit briller du côté du nord les méandres du Calédon, puis çà et là, on distingue, dans l'État libre, des fermes de Boers.

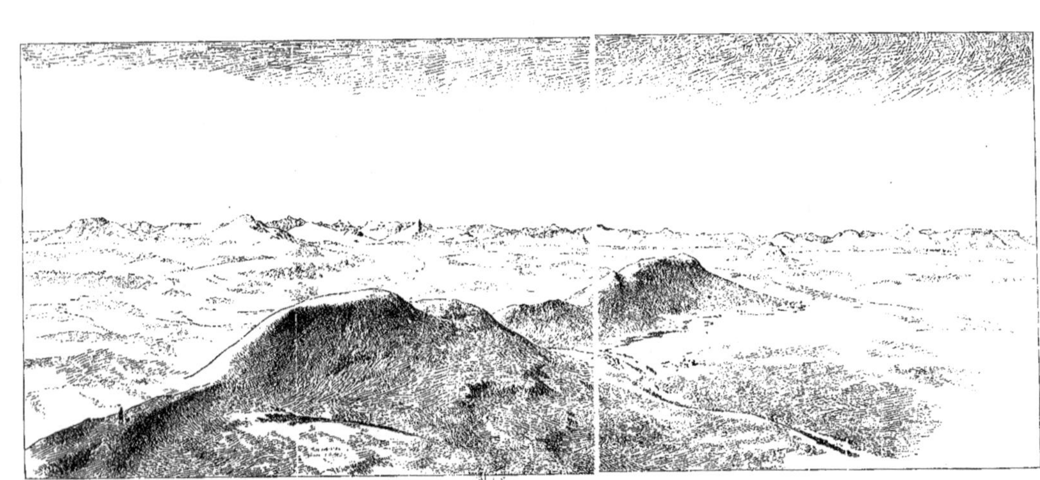

PANORAMA DU CENTRE DU LESSOUTO, VUE PRISE DES HAUTEURS DE LA STATION D'HERMON

L'ENTRÉE DU VILLAGE DE MAFÉTENG

Les moulins de Robertson, établis non loin d'ici, près d'un beau pont en fer, le seul dans la contrée, se voient très distinctement; mais le village de Wepener[1], est caché par des plis de terrain.

Enfin, à l'horizon, les plaines sont sillonnées de collines qui s'étendent dans les directions de Ladybrand, Bloemfontein, Smithfield et Aliwal. Quant aux collines du premier plan et dont le nom sessouto est *Qibing* — Pierres de Bushmen, — elles nous cachent la station d'Hermon, mais en revanche, vous pouvez le remarquer, les arbres ne nous cachent pas le paysage, car dans toute la contrée on ne voit que ceux des jardins plantés par les missionnaires ou par des indigènes plus clairvoyants que les autres.

Comme il n'y a pas de chemin de fer dans la contrée, nous n'avons donc pas à prendre l'allure de gens qui ont peur de manquer le train. Aussi, tout en descendant, nous pouvons nous amuser à faire rouler de grosses pierres jusqu'au bas de la montagne, distraction qui ne coûte pas cher, et

---

1. Ce village doit son nom au commandant de l'armée des Boers, tué à l'assaut de Thaba-Bossiou lors de la guerre de 1865.

PAYSAGE DANS LES MONTAGNES PRÈS DE THABA-BOSSIOU

dont usaient avec un certain succès, aujourd'hui même, deux de vos amis...

Si vous préférez, cherchons des tortues, des hérissons ou des moufettes, ou bien encore collectionnons des sauterelles : il y en a de toutes sortes ; ou encore des mantes religieuses, ou des « rhinocéros », insectes rouleurs de boules de fumier, proches parents des « scarabées sacrés », si chers aux anciens Égyptiens ; à moins que vous ne préfériez des scorpions, des tarentules et autre menu gibier aussi alléchant. Quand à espérer voir des singes, n'y comptez pas, on n'en trouve plus que dans les Maloutis ; les antilopes mêmes sont rares, cependant, il y a deux ans, on a tué une gazelle tout près de la chapelle à Hermon.

Je vous conseillerai plutôt de sucer le suc des curieux aloès qui nous entourent et dont les fleurs ou fruits sont justement mûrs à cette époque. Vous vous barbouillerez de pollen jaune, cela est certain, mais ce suc a un si bon goût de sirop de gomme, qu'il vous consolera et vous rafraîchira par la même occasion.

Le Lessouto ou Bassoutoland, que les Anglais « protègent » depuis 1868, pour le bien des natifs,

LA RIVIÈRE MAPHUTSING, PRÈS BÉTHESDA

hâtons-nous de le dire, a à peu près la superficie de la Belgique ou de la Sicile et renfermait, lors du recensement fait dans ces dernières années, 218,903 habitants, dont 578 blancs. Dans ce nombre notre mission évangélique, fondée en 1833, compte près de 14,000 chrétiens, y compris les catéchumènes, se rattachant à nos 15 grandes stations, auxquelles sont reliées nos 150 annexes.

L'œuvre compte de plus des écoles supérieures, biblique, normale, industrielle, une imprimerie, etc.

Il y a aussi une mission anglicane, puis une autre française catholique, des « Oblats de Marie-Immaculée », qui ont réuni quelques groupes d'indigènes. Ces œuvres remontent à une trentaine d'années environ.

Quand à la station d'Hermon, dont le nom revient souvent dans ces pages, elle fut fondée par le vénéré M. H. M. Dyke en 1853, alors que le pays ne possédait pas de marchands, les plus proches étaient à Colsberg, dans la colonie du Cap ! Des échanges se faisaient avec les natifs au moyen de perles, de boutons et aussi d'étoffe, comme maintenant aux bords du Zambèze.

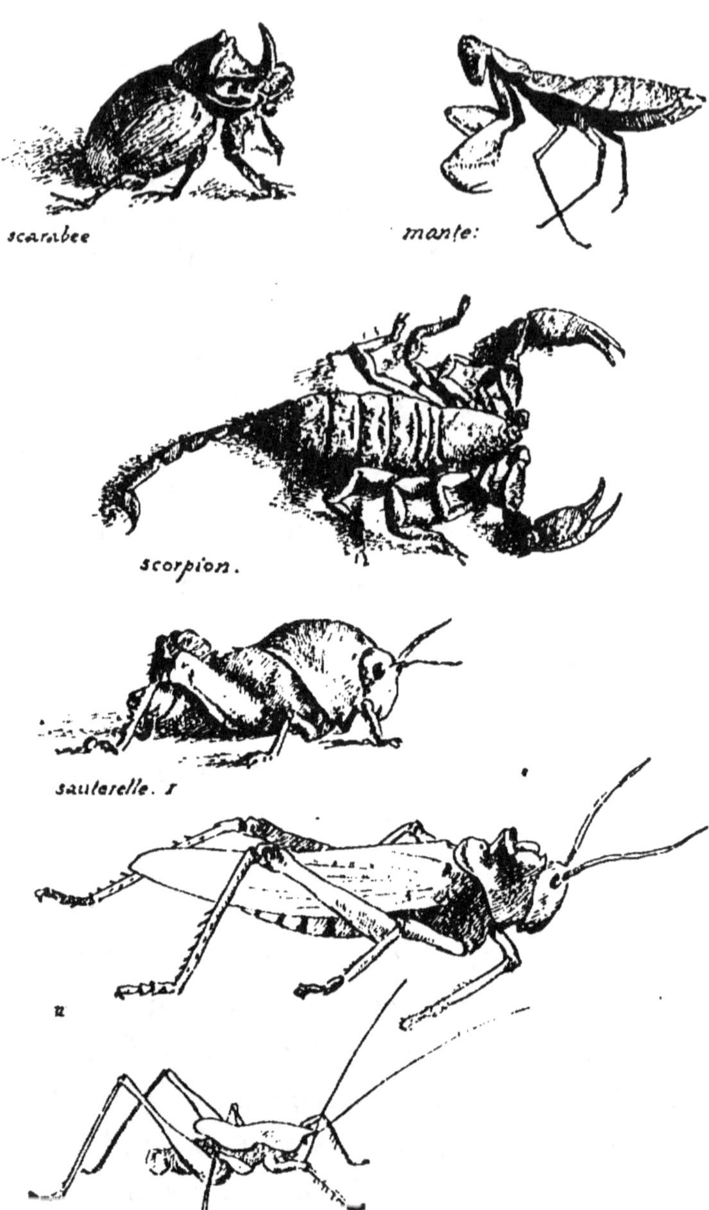

INSECTES DU LESSOUTO

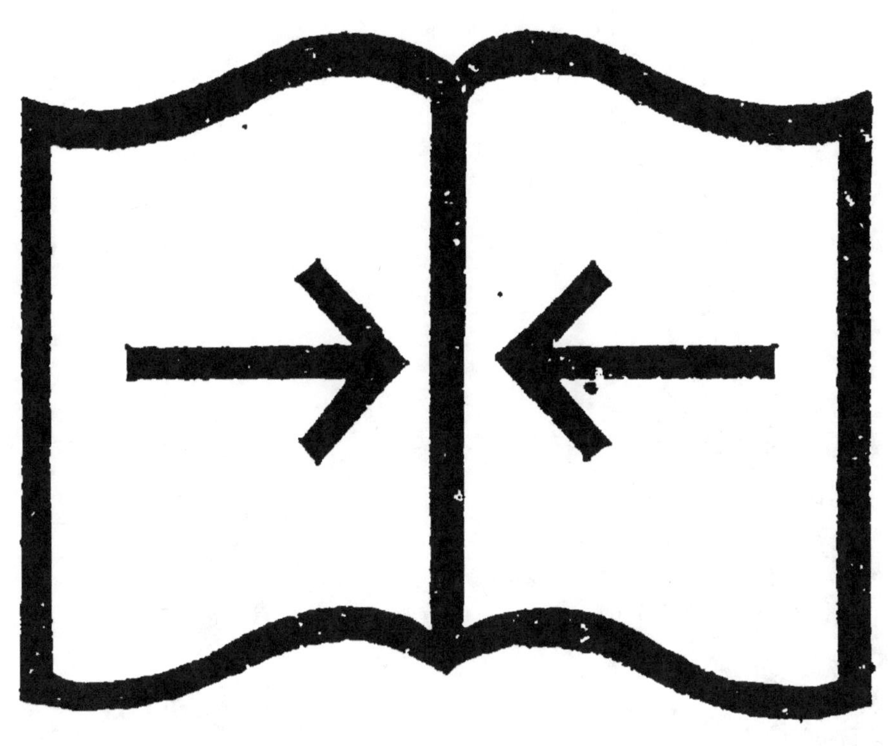

VALABLE POUR TOUT OU PARTIE DU
DOCUMENT REPRODUIT

LA STATION D'E   SOUS LA NEIGE

En 1869, M. S. Rolland prit la place de M. Dyke et fut remplacé par le Dr E. Casalis, puis par M. F. Ellenberger.

M. H. Dieterlen vint ensuite et y resta onze ans, et l'auteur de ces lignes lui succéda en mars 1887. L'Église d'Hermon, l'une des plus nombreuses de Lessouto, compte aujourd'hui 1,020 membres, 369 catéchumènes et 887 écoliers; l'année dernière les contributions volontaires pour l'œuvre d'évangélisation se sont élevées à 4,464 fr. Ces chiffres ont certainement leur éloquence, mais nous voulons plus et mieux...

L'Hiver au Lessouto

Je ne pensais pas vous écrire aujourd'hui, mais ce matin, en mettant le nez à la fenêtre, mon étonnement a été si grand de voir une forte couche de neige couvrir la terre, que je me suis dit qu'il fallait que j'en parle à mes amis, c'est-à-dire à vous, chers lecteurs.

Je suis donc allé au village, et, assis sur le pas de la porte de la maison de Josefa Motete, j'ai fait le dessin de la station d'Hermon (p. 24 et 25), pour vous montrer, tant bien que mal, un effet de neige au Lessouto.

Cela vous étonne peut-être que nous ayons la neige à la mi-juillet : c'est que nous sommes en plein hiver. Par contre, quand vous vous amuserez à faire des glissades, ou que vous serez réunis autour d'un arbre de Noël, ici nous serons en été, nous plaignant peut-être de la chaleur et de la sécheresse.

Notre hiver est particulièrement désagréable cette année, peut-être est-ce un contre-coup de celui de l'Europe? Nous avons des pluies inouïes pour la saison; la dernière pluie a duré cinquante heures de suite! Ce matin, c'est de la neige comme nous n'en avons jamais vu dans ce pays.

Vraiment, ce n'est guère la peine de vivre au Sud de l'Afrique, pour y avoir de la neige comme en Suède! Qu'on vienne maintenant nous parler de la « brûlante Afrique », je serai capable de me fâcher pour me réchauffer un peu!

Vous devinez bien que pour nos Bassoutos un temps comme celui là n'est pas réjouissant, car ils ne sont pas installés pour se garantir du froid, ni vêtus d'une manière suffisante; aussi il faut voir, dans chaque hutte il y a un petit feu et les membres de la famille, assis et recoquillés les uns contre les autres, semblent avoir pris pour devise que l'union fait la... chaleur. Tout cela dans une fumée qui me pique les yeux rien que d'y penser.

Pendant que je faisais mon dessin, il a passé

devant moi mon homonyme — le petit Crisetaule — qui, pour me faire honneur, porte mon nom arrangé à la sessouto ; — le gaillard ne semblait pas trop souffrir du froid, il n'avait cependant que son costume d'été : la peau que Dieu lui a donnée, sur laquelle il en avait jeté une de mouton...

Ce rigoureux hiver n'est pas seulement un ennui pour les indigènes, il est aussi une cause de pertes sérieuses, le bétail souffre de ces pluies et de ce froid et meurt en quantité. Aussi tel qui était riche en été, peut se trouver, à la fin de l'hiver, être un pauvre sire n'ayant ni sou ni maille, c'est-à-dire ni bœufs ni moutons.

Une autre difficulté sans cesse renaissante : c'est la question du charbon en usage dans le pays.

Quand je dis « charbon », c'est, chers amis, par pure politesse, car on trouve le nôtre partout où le bétail passe... Puis il faut le faire sécher — pas le bétail ; le charbon — et bâtir soigneusement en tas ce précieux combustible à l'abri, dans un endroit sec, tout à fait comme si l'on avait peur qu'il ne s'enrhume.

Heureux ceux qui ont du *disou !* Ceux qui en manquent essayent d'en acheter, ce qui coûte de quinze à vingt francs la charge. Par un hiver humide comme celui que nous avons, le « disou » n'est pas facile à avoir, aussi brûle-t-on ce qu'on peut : vieilles ou neuves caisses, rafles d'épis de maïs, etc.

Je me suis souvent dit, en manière de consolation (lauréats du Conservatoire de musique, voilez-vous la face !), qu'il était heureux que nous n'ayons pas de piano, car, qui sait ? la tentation d'avoir une tasse de café chaud peut parfois pousser bien loin...

Sur ce, chers amis, excusez-moi, je vais aller tâcher de me réchauffer.

Que celui qui mesure le vent à la brebis tondue se tienne près de vous et de nous !

L'Été au Lessouto

Hermon, 26 décembre.

Le grand agrément de l'été, chacun sait çà, c'est qu'il fait chaud, mais ici il fait très chaud, quelquefois trop, à notre avis. La moyenne de la température est de 34 degrés centigrades.

Vous aimeriez probablement avoir un peu de notre soleil, car, pendant que vous grelottez en décembre, ici nous sommes en plein été. Au Sud de l'Afrique, on n'a jamais vu une fête de Noël avec de la neige et des engelures !

Au moment où je vous écris, on moissonne les blés ; notre petit jardin, qui commence à nous donner des légumes, a un riant aspect ; nous avons aussi quelques fleurs : des roses, des lis, ainsi que des dahlias, des passes-roses, etc.

Il y a certaines fleurs dans les champs qui sont

assez jolies : quelques-unes de la famille des iridées, d'autres de celles des liliacées, dont l'une, appelée par les indigènes « lehutla », est une grande plante ayant beaucoup de ressemblance avec le lis, à part qu'elle n'est pas si blanche, ni si belle, et qu'elle a une odeur désagréable.

Quant à la campagne, qui est sans arbre comme vous savez, elle essaie d'être aussi agreste que ses moyens le lui permettent. En temps de sécheresse, elle a une teinte jaunâtre, tandis que peu après de bonnes pluies elle est d'un vert d'épinard qui ne semble pas naturel, et qui du reste dure peu.

En cherchant bien, on peut arriver à découvrir des coins pittoresques qui respirent une fraîcheur qu'on ne s'attendrait pas à rencontrer dans ce pays, et surtout pas à Hermon.

Par exemple : le chevet de l'église d'Hermon se reflétant dans le petit étang de la station...

Mais, malgré tous ces avantages; l'été a peut-être en quelques manières des inconvénients plus grands que ceux de l'hiver. Heureux quand les sauterelles ne nous rendent pas visite pour détruire en quelques instants, comme elles ont fait l'an dernier, des récoltes impatiemment attendues.

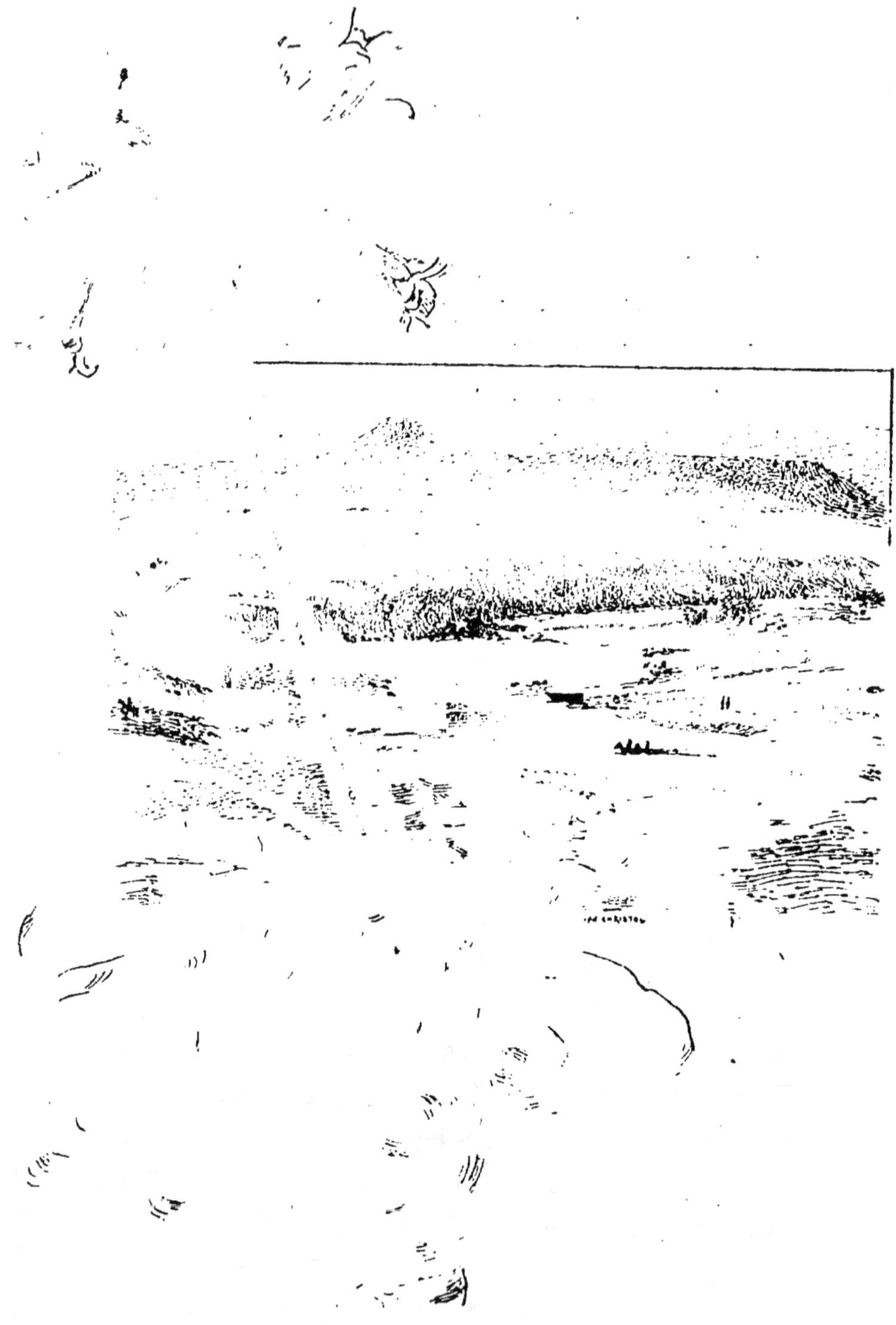

LEHUTLA, UNE FLEUR DU LESSOUTO ET LE CALEDON, PRÈS HERMON

D'autres fois, on peut avoir dans sa maison une invasion de fourmis, ce qui n'est nullement régalant pour les envahis... Je pourrais aussi vous parler des mouches et de leurs cousins les moustiques, mais j'ai mieux que cela.

Pensez que dans la chambre d'où je vous écris, j'ai tué l'an dernier trois serpents ! Puis une dizaine près de la maison ; plusieurs assez grands, d'un mètre de long, peut-être ; des noirs, des jaunes, des rayés, des tachetés, enfin pour tous les goûts.

L'été africain a, comme vous pouvez facilement vous l'imaginer,

> Des jours mêlés de plaisirs et de peines,
> Mêlés de pluie et de soleil.

Ce qui est aussi le cas des étés et même des hivers européens.

Il fut un temps où je ne connaissais guère de la campagne que les trottoirs de Paris, où les arbres ne m'apparaissaient que plantés entre deux becs de gaz. La pluie ne me semblait pas avoir alors d'autre utilité que de remplir les omnibus et de fournir

des pratiques à la corporation des marchands de
parapluies.

TRAVERSÉE AÉRIENNE D'UNE RIVIÈRE

Depuis, j'ai fait une découverte, c'est que la
pluie ne fait pas seulement le bonheur des « rossi-

gnols de Hollande », autrement dit des grenouilles, mais qu'elle fait pousser le blé, frise les choux, arrondit les citrouilles, etc. On a bien raison de dire qu'on s'instruit en voyageant ! Combien de fois, voyant la sécheresse qui nous entourait, n'avons-nous pas fait monter vers Dieu d'ardentes prières, pour qu'il daigne secourir bêtes et gens par de bienfaisantes pluies ! Avec quel entrain nous chantions alors le chant composé par M. Ellenberger, sur l'air de : « Maman ! maman chérie ! »

Pula ! Pula ! Yehofa,
Re fe pula tse ntle, etc.

(La pluie ! la pluie, Yehova,
Donne-nous de belles pluies !)

Aussi jouissions-nous de l'entendre tomber après des semaines de sécheresse, ruisselant de toutes parts et dégouttant quelquefois jusque dans notre maison !

Malheureusement, le tonnerre se met très souvent de la partie, nous laissant pour seule ressource le vieux proverbe français : « Quand il tonne, il faut escouter tonner. » Il y a cependant tous les ans bien des gens tués par la foudre, ainsi que beaucoup de bétail.

Un autre danger résultant de l'abondance des pluies, c'est quand « les rivières se tiennent debout », autrement dit quand elles sont pleines, ce qui n'est nullement récréatif pour la majorité des voyageurs... Je me souviens un jour que je me

UN ARBRE AU LESSOUTO

rendais à Béthulie, village boer né de la station, fondé par notre collègue M. Pellissier, dans l'État Libre d'Orange, avoir eu à traverser une rivière grossie par les pluies dans une caisse courant sur un câble fixé aux deux rives ! Combien il est préférable de traverser l'eau « à la mode de chez nous », c'est-à-dire sur un pont !...

Mais là encore, comme dans tout ce que nous pouvons rencontrer ici-bas de difficultés ou de dangers physiques ou moraux, il faut nous souvenir de ce que dit un vieux livre[1] : « Celluy chevauche bien à l'aise que la grâce de Dieu porte ; celluy nage bien et seurement à qui Dieu soustient le menton. »

1. Le livre de l'*Internelle consolacion.*

Un Témoin du passé

UN PEU D'HISTOIRE

Nous avons eu l'autre jour une intéressante visite dont je veux vous donner quelques détails.

D'abord sachez bien que notre visiteur n'était ni un savant, ni un personnage plus ou moins décoré, mais seulement un pauvre vieux aussi peu célèbre que possible, à peu près aveugle et conduit par deux jeunes mouiards à mine éveillée et barbouillée. Cet ami, nommé Malrace, porte aussi le nom bizarre de *Morapudumo*, « le fils du gnou », et vient de temps en temps nous voir, car c'est une chose connue même au Lessouto que les amis se visitent quelquefois.

Nous avons donc reçu « le fils du gnou » de notre mieux : en lui offrant une place au soleil, car il avait

LE CHEVET DE L'ÉGLISE D'HB... ET L'ÉTANG DE LA STATION

froid dans la maison, puis une tasse de thé et une croûte de pain, plus une chemise, un « five-o-clock » tout à fait complet, comme vous voyez !

Le susdit ami est intéressant à entendre : c'est un témoin de l'ancien temps et il a tant à raconter, mais je vous dirai en confidence que je crois qu'il brode un peu sans s'en douter ; à cela s'ajoute aussi la tendance que nous avons à trouver mauvais le présent et si beau le passé !

Cependant on aime à l'écouter parler du temps lointain, quand le pays était bien moins peuplé que maintenant et que les gnous, buffles, hippopotames, éléphants et autres grosses bêtes vivaient dans nos parages, alors aussi que les lions se cachaient dans les hautes herbes, près d'ici ; mais quand le narrateur essaie d'imiter le rugissement de ces derniers, il y a presque de quoi se sauver !

Il n'y a plus de trace de toute cette époque ; il n'en reste que quelques peintures à peine visibles, faites par des Bushmen dans des cavernes, les tombes des anciens chefs Bassoutos sur la montagne de Thaba-Bossiou et quelques vieillards qui en ont gardé un souvenir plus ou moins clair.

Le costume de l'ancien temps, fait de peaux tannées, a disparu ou à peu près, pour faire place aux vêtements européens plus aisés à se procurer.

Il n'y a plus de *terrain qui s'ennuie*, comme on dit en sessouto, c'est-à-dire ne servant à rien ; tout est champs labourés ou pâturages. Selon que le disait dernièrement un correspondant de journal politique[1] : « Le Mossouto, guerrier indomp-

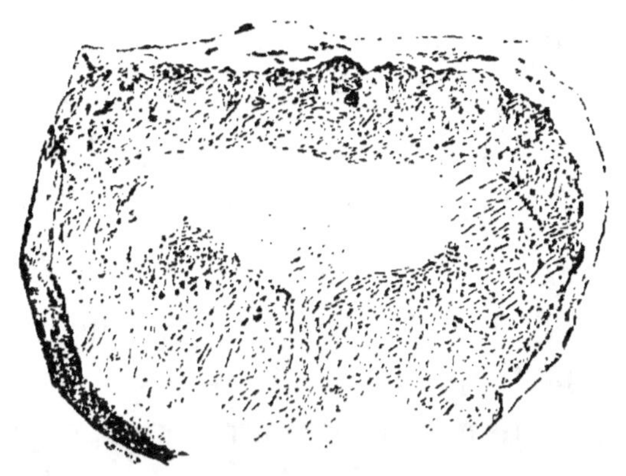

GNOU, DESSIN DE BUSHMAN

table, souvent même féroce, a déposé pour toujours la massue et la sagaie ; il s'instruit, cultive et devient agriculteur. »

Mais que de bouleversements ont agité la contrée

1. *Journal des Débats hebdomadaires,* juin 1895.

et que de guerres ont décimé la population avant
que la pays arrive à posséder une paix comme celle
dont nous jouissons depuis quelques années ! que
de faits sont devenus en un demi-siècle des dates
historiques pour les Bassoutos, car la plupart avaient
ou sauvé ou menacé l'existence de leur nationalité !

Il y a eu d'abord des guerres interminables avec
les Zoulous, Fingous, Griquois, Korannas, etc. ;
jusqu'à ce que la tribu des Bassoutos, alors gou-
vernée par le sage chef Moshesh, père de Letsié,
mort il y a quelques années, et grand-père de Lerothodi, chef actuel des Bassoutos, s'établisse dans
ce pays.

Les Bassoutos font partie de la grande famille
des Béchuanas[1], qui se subdivisent en un certain
nombre de tribus désignées pour la plupart par des
noms d'animaux : les Bahlapis sont ceux du poisson ; les Bataungs, ceux du lion, etc. Les Bassoutos portent le nom de Bakuénas, ceux du crocodile.

En 1833 arrivèrent les missionnaires protestants
français, Arbousset, Casalis, Gossellin, qui avaient

---

1. Ce nom vient peut-être des mots : *ba tsuana,* ceux qui se ressemblent.

LE VIEUX MORAPUDUMO

découvert le pays et cette date est une des plus importantes pour l'histoire des Bassoutos. La première chapelle bâtie vers cette époque existe encore à Thaba-Bossiou.

Plus tard, c'est la guerre de 1852 contre les Anglais ; puis, en 1858, contre les Boers qui, seulement depuis quatre ans, avaient fondé l'État Libre d'Orange. Ceux-ci, entre autres faits héroïques, brûlèrent la maison missionnaire de Morija et la station de Béerséba. Après d'autres guerres intestines, de nouveau, de 1865 à 1869, guerre avec les Boers qui, cette fois, chassèrent les missionnaires du pays, dévastèrent plusieurs stations et s'emparèrent d'une grande partie du Lessouto.

C'est vers cette époque que les Bassoutos se donnèrent au gouvernement anglais, au commencement de l'année 1868. Ce fut le salut de la tribu, qui recouvra une bonne partie de son territoire et fut protégée contre les Boers. Enfin, en 1880, nouvelle guerre, commencée sous un futile prétexte par le gouvernement de la colonie du Cap. A tout cela s'ajoutèrent des époques de sécheresse extraordinaire, d'invasions de sauterelles, d'épidémies diverses et de recrudescence de paganisme.

TOMBES DE CHEFS BASSOUTOS SUR LA MONTAGNE DE THABA-BOSSIOU

Malgré ces multiples événements, l'œuvre missionnaire ne cessa pas de se développer, comme pour témoigner une fois de plus de la vérité du vieux psaume : « La terre et le contenu d'icelle appartient à l'Éternel, aussi le monde et ceulx qui y habitent. »

Mais il me semble — et à vous aussi peut-être — que nous oublions pas mal notre ami « le fils du gnou » dont l'histoire particulière peut nous donner une idée de ce que les vieillards de ce pays pourraient nous raconter.

Celui-ci ignore la date de sa naissance, comme presque tous les indigènes ; mais il est né, m'a-t-il dit, lors des *difaqané di hlaha,* ce qui veut dire « au commencement des anciennes guerres », peut-être vers 1815.

Ses parents, qui vivaient du côté du Mont-aux-Sources, se joignirent à la bande que le chef Sébétouané, bien connu de Livingstone[1], conduisait vers le nord et qui, après bien des péripéties, finit par atteindre le Zambèze et par imposer la langue sessouto aux Barotsis.

L'arrière-garde des gens de Sébétouané fut atta-

---

1. Explorations dans l'Afrique austra'e.

LA VIEILLE CHAPELLE, A THABA-BOSSIOU

quée et dispersée par les Bahlokoa et les parents de notre ami tués par ceux-ci ; quant à lui, il fut recueilli par les Korannas, qui firent de lui un esclave, ainsi que d'un autre Mossouto nommé Matlakala, mort depuis peu à Hermon.

Ces deux infortunés étaient battus bien plus souvent qu'à leur tour, et si durement traités qu'ils s'enfuirent une nuit, traversèrent le Vaal à la nage et se réfugièrent chez des Boers établis par là.

Enfin le « fils du gnou » eut encore pas mal d'aventures et d'épreuves, et vécut sans se soucier beaucoup de son âme et sans que personne l'aidât à y penser. Il savait seulement qu'il y avait des missionnaires dans son pays natal, mais ce ne fut que longtemps après qu'il y retourna et encore plus longtemps après qu'il prit à cœur les choses de Dieu.

Il a fallu bien des années à notre ami pour reconnaître cette « bonté de Dieu qui nous pousse à la repentance » et pour savoir que « sans la croix, tout n'est plus qu'agitation vaine dans la nuit[1] ».

---

1. *Jérusalem,* par Pierre Loti.

Coutumes des Bassoutos

Parler politique, c'est, de l'avis des Chinois, dire des paroles oiseuses...

Pour une fois, nous allons donc écouter les Chinois ; ils ont si rarement raison ! Aussi en parlant des coutumes des Bassoutos et de leur manière de vivre, nous allons soigneusement éviter toute critique et toute allusion pouvant se rapporter plus ou moins à la politique.

Disons, pour commencer, que les Bassoutos diffèrent beaucoup des Matabélés, Zoulous et autres peuplades guerrières de l'Afrique méridionale, ils sont plutôt laboureurs et bergers et de mœurs sensiblement plus paisibles que par le passé.

Les salutations expriment même un peu cette différence ; le Mossouto dit simplement : *dumela*, c'est-à-dire : « Crois à ma bienveillance, à mon amitié » ; tandis que l'autre lance à tout passant un *sakabona,* qui signifie : « Nous t'avons vu ! »

Les villages, qui sont très nombreux au Lessouto, sont aussi en général fort petits, mais chacun possède un *Ra-Motsé,* père du village, le plus souvent « fier comme un dindon » et qui, ordinairement, est devenu chef assez aisément, car le premier il s'est établi dans un endroit quelconque, avec l'autorisation d'un des principaux chefs du pays, fils ou petit-fils de feu Letsié. Ces « pères du village », qui en sont aussi les maires, rendent la justice de leur mieux ; mais pour les cas graves on se rend ensemble chez le chef du district d'où l'on peut faire appel à Lerothodi, le chef principal du pays, qui décide en dernier ressort.

PIPES POUR FUMER LE CHANVRE

Les peines consistent en amendes à payer en moutons ou en bœufs. Les cas de vols, d'introduction d'eau-de-vie dans le pays, de meurtres, etc., sont jugés par les magistrats. En fait de jugements, les indigènes en voient parfois de curieux. Il n'y a pas très longtemps que le petit chef Ranko (le père du nez!) condamna un de ses subordonnés

à payer cinq têtes de bétail pour avoir empêché la pluie de tomber !

J'ai probablement moi-même échappé de bien

peu à une condamnation pareille, car, chose grave, j'avais peint sur un rocher, près d'un sentier, les mots *Molimo o lerato,* « Dieu est amour », ce qui, au dire des païens des alentours, produisit une sécheresse persistante que la pluie vint heureusement terminer avant une accusation publique.

Les affaires se règlent ordinairement en *pitso,* le « Kabary » des Malgaches, assemblée de tous les hommes d'un district ou de toute la tribu, selon l'importance des questions à traiter.

Les principaux chefs jouissent du droit de convoquer des *matséma,* c'est-à-dire d'appeler en corvée les hommes pour labourer et sarcler leurs champs gratis.

Les Bassoutos ne sont pas des travailleurs acharnés, et l'on peut dire, sans leur faire tort, que les mots « travailler comme un nègre » n'ont pas été spécialement dits à cause d'eux ; cependant ils ne ressemblent pas tout à fait aux Tartares, dont un voyageur disait dernièrement « qu'ils possèdent à fond l'art de ne rien faire ».

Les hommes d'un village, tant chrétiens que païens, n'étant pas pris par les travaux des champs, se tiennent le plus souvent au *Khotla.* C'est un

MASOLÉ ET SON « SESSIOU »

enclos de pierres ou de roseaux, qui correspond un peu au forum des anciennes villes romaines. C'est là qu'on rend la justice, qu'on arrange des mariages et qu'on bavarde à l'infini.

Dans d'autres moments, des païens y fument du chanvre, qui enivre un peu comme l'opium, ou bien y font leur méridienne ; les gens adroits y vont coudre un pantalon de peau de bœuf ou une paire de chaussures appelées *velschoen* par les Boers.

En automne, chacun se fabrique des *sessious,* sortes de grands paniers d'herbes dans lesquels on garde le grain.

Enfin, c'est encore au *Khotla* que bien souvent l'on s'enfonce dans un paganisme dont la parole de Dieu avait ailleurs démontré la laideur et l'insuffisance.

Les chefs et leurs conseillers qui y trônent sont les grands soutiens des coutumes païennes, qui sanctionnent leur polygamie et président à leurs fêtes bruyantes. Ce sont eux aussi les meilleurs clients du *ngaka,* médecin sorcier dont nous parlons ailleurs, et pour lequel, comme pour ses collègues du Japon, « le cas le plus grave en médecine

UN « PITSO » CHEZ LE CHEF LEROTHODI

est, d'après un aimable écrivain[1], celui où le malade n'a pas d'argent. »

Le paganisme actuel est certainement en décadence; il se transforme, devient pire peut-être à bien des égards; néanmoins beaucoup de païens nous sont favorables, envoient leurs enfants à l'école, viennent à l'église et répéteraient volontiers ces mots de l'un d'eux à un de nos amis: *Ke moedene oa Fora!* je suis un païen des Français, autrement dit: J'aime les missionnaires français et, sans suivre leurs enseignements, j'approuve ce qu'ils disent.

Les Bassoutos, comme l'ont constaté les premiers missionnaires, sont simples, vifs, communicatifs et possèdent une sorte de tact qui ne les abandonne jamais.

L'aménité de leur caractère rend l'évangélisation plus aisée dans leur pays que dans bien d'autres contrées plus civilisées. Les chefs qui nous témoignent ouvertement de l'hostilité et refusent de nous recevoir sont rares.

Bien souvent j'ai fait, pour ma part, l'expérience

____

1. J. Petit-Senn.

VILLAGE

de ce bon vouloir des indigènes et de leurs chefs, soit pendant des courses dans les environs de la station accompagné des enfants de l'école, soit par la manière dont étaient reçues les remontrances que je devais présenter à ceux-ci ou bien à ceux-là.

La façon de réunir un auditoire est fort simple, pas besoin d'affiches ni du « tambour de ville ».

Après avoir parlé avec le chef du village, on met les deux mains à sa bouche en manière de porte-voix et l'on crie : *Thapelong !* — à la prière ! — Peu à peu on voit, de-ci de-là, des têtes apparaître, et bientôt un petit auditoire est devant vous.

Quelquefois cela est encore plus simple : visitant une fois le village de Nkoro, j'arrive au *Khotla* et ne trouve personne qu'un homme en train de faire un *session*. Après les salutations que se doivent les gens bien élevés, et sans doute aussi après quelques questions sur le temps et les prochaines récoltes, je me mis à faire un croquis dudit vannier. A peine avais-je fait quelques traits qu'arrivait l'un, puis l'autre, si bien que le portrait de Masolé était à peine esquissé que tout le village ou à peu près était autour de nous !

Par modestie je ne vous parle pas des cris d'admiration du cercle de critiques d'art qui m'entouraient et qui auraient sans doute ravi par leur pittoresque mes anciens maîtres, les éminents peintres L. Gérôme et Paul Flandrin ; du reste je trouvais mieux : une occasion de parler à un auditoire tout yeux et tout oreilles.

D'autres fois un grossier dessin sur un mur m'a servi de point de départ pour parler de Celui qui a créé l'homme à son image...

Superstitions

des païens Bassoutos

Voyageant en Palestine il y a plusieurs années, il m'est arrivé souvent de voir une main grossièrement dessinée ou peinte au-dessus d'une porte; fort intrigué, je tâchai de savoir ce que cela pouvait bien signifier et j'appris que cette main devait empêcher la maladie d'entrer ou la mort d'approcher de la maison.

Les païens Bassoutos ont aussi des superstitions dignes de celles des Arabes : on ne doit pas aller dans les champs lorsqu'il y a des nuages, cela attire la grêle; pour éloigner celle-ci, il suffit de planter en terre de petits piquets arrangés de certaine façon près des champs.

En temps de sécheresse, que ne font pas les

païens ! Les *ngaka ea pula*, médecins faiseurs de pluie, déploient dans cette occasion toute leur science qui se résume dans leurs costumes, leurs osselets divinatoires et des boniments de charlatans. Si les incantations ne réussissent pas dans la plaine, c'est qu'il est nécessaire d'aller chercher la pluie sur la montagne...

Il y a des médecins contre les épidémies, il y en a d'autres très utiles pour aller à la guerre. Je me souviens avoir vu un chef du nord du Lessouto, lors d'une échauffourée, s'en aller à l'ennemi le visage enduit d'une certaine médecine, devant détourner les balles de sa personne.

Les médecins indigènes ne ressemblent pas du tout à leurs collègues de France qui ne sont que docteurs en médecine — ceux d'ici sont sorciers, — c'est-à-dire qu'ils peuvent soi-disant guérir d'abord toutes les maladies, mais en plus découvrir les objets perdus, éloigner la foudre et la grêle, dévoiler l'avenir, indiquer la personne qui a jeté un sort à une autre, etc.

Pour cela le bagage scientifique n'est pas grand ; le petit collier d'osselets ou « ditaola » représenté ci-après suffit amplement ; la confiance des ma-

« NGAKA », MÉDECIN-SORCIER

lades doit cependant avoir une certaine limite, puisqu'on donne en sessouto le même nom de *lefu* à la maladie et à la mort!

La manière dont lesdits osselets sont tournés quand on les jette indique l'endroit où se trouve le cheval ou le bœuf égaré ou volé, ou le coupable de sorcellerie, etc. Le plus clair de tout cela, c'est le mouton ou le bœuf qui sont le paiement du « docteur ». Tout ceci n'est pas exagéré; combien de païens qui, dès qu'ils sont malades, se croient ensorcelés! Il n'y a pas longtemps qu'un chef est mort après une vie déréglée, mais plutôt que de reconnaitre cela on a accusé plusieurs personnes de l'avoir ensorcelé et elles ont été obligées de déguerpir au plus vite, de peur qu'on ne leur fasse un mauvais parti.

Les Bassoutos, sans être aussi cruels que leurs frères du Zambèze, ont encore bien des points de contact avec eux.

Sans Dieu il est naturel que l'homme ait peur, car celui qui, blanc ou noir, ignore l'amour de son Père qui est dans les cieux et ne sait pas que selon que le dit si bien le proverbe oriental: « Dieu voit la fourmi noire qui, dans la nuit noire, marche sur la pierre noire », doit être effrayé de tout ; pour lui la vie est un voyage fait dans la nuit sans lumière et sans guide.

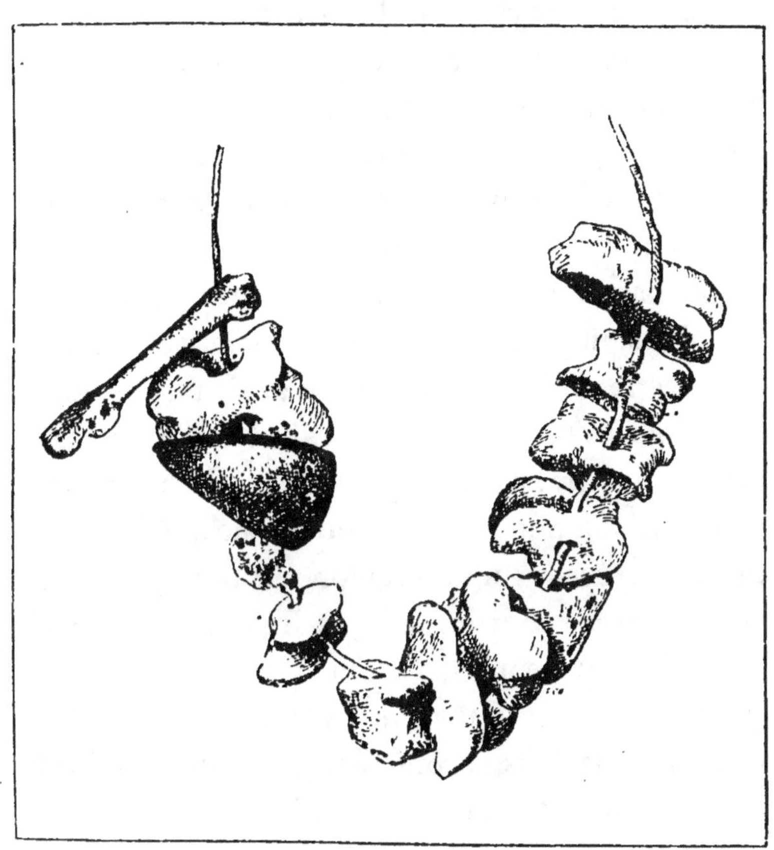

« DITAOLA » OU OSSELETS DIVINATOIRES

C'est pourquoi on voit tant de gens vivre dans

la crainte, avoir peur de la vie, peur de la mort, et qui, pour se garantir de malheurs ou de maladies, mettent une main sur leur porte comme les Arabes, ou vont chercher le *ngaka* et ses *ditaolas* comme nos Bassoutos, ou bien encore, comme beaucoup de nos compatriotes, craindront de se mettre en route un vendredi, ou d'être treize à table ; consulteront les cartes ou s'en iront prendre conseil de soi-disant voyantes.

Les Bassoutos ne sont pas idolâtres, ni même fétichistes, mais ils croient aux *médimo,* aux esprits des ancêtres et à leur pouvoir mystérieux. De plus, les indigènes ont un sentiment inné de l'immortalité. On mettra, par exemple, dans la tombe un peu de grain, afin que le mort trouve quelque nourriture à son réveil, coutume qu'on rencontre, comme vous le savez, chez les anciens Égyptiens et chez bien d'autres peuples, ce qui correspond tout à fait à une parole du vieux livre de l'*Ecclésiaste :* « Dieu a mis dans le cœur des hommes la pensée de l'éternité. » (Chap. III, v. 2.)

Nos chefs Bassoutos

Il y a fort longtemps que j'avais le désir de vous montrer un portrait de Letsié, chef des Bassoutos, mais ce dernier avait toujours répondu aux demandes que je lui avais fait adresser en refusant absolument de poser. Tout ce que j'avais pu faire, c'est un croquis de dos, peu digne par conséquent de vous être présenté. Aujourd'hui, grâce à un ami médecin et photographe, je puis vous offrir un petit dessin un peu plus complet du roi des Bassoutos. L'expression de *roi* est un peu grandiose, tout de suite Louis XIV et sa cour s'offrent à la pensée, ou bien encore le shah de Perse et son aigrette...

Disons donc que Letsié, fils de Moshesh, était un grand chef ou un petit roi. Il est mort ces derniers temps, mais vous pouvez vite voir qu'il n'avait rien de bien imposant et constater en même temps que si sa figure n'est pas bien distincte, il n'y a pas de la faute du photographe ni de la mienne. Le même ami me fournit une vue de *Matsieng,* c'est-à-dire du village qu'habitaient le chef Letsié et la plupart des nombreuses femmes de son harem.

Ce village est l'un des plus grands du Lessouto, il est situé à trois quarts d'heure, à cheval, de la station de Morija. C'est seulement depuis quelques années qu'une annexe de Morija est établie à Matsieng, Letsié ayant refusé pendant longtemps l'autorisation de l'établir.

Il y a là un groupe de chrétiens et une école assez fréquentée ; mais malgré cela on peut affirmer, sans crainte de se tromper, que ce village était l'une des forteresses du paganisme dans ce pays. La belle maison que vous voyez au centre du dessin a été bâtie par des ouvriers européens. Elle est plus belle, du moins comme apparence, que la plupart de nos habitations missionnaires.

Mais... le ramage ne répond pas du tout au plumage ; elle est bien la preuve que le désordre n'est pas toujours un effet de l'art.

Nos pauvres chefs Bassoutos, tant dans leurs

PORTRAIT DU CHEF LETSIÉ

(D'aprés une photographie du Dr G. Casalis)

maisons que dans leur vie, ont encore bien des améliorations à faire. La civilisation et ses avantages ne leur ont pas fait faire jusqu'à présent de grands progrès sous le point de vue moral, il s'en faut de beaucoup.

Le peu de décorum des chefs n'empêche pas cependant leurs sujets de les traiter avec beaucoup de considération. Ils prennent même parfois des expressions orientales pour leur parler.

J'entendis un jour un de nos chrétiens dire en public à Lerothodi, fils aîné de Letsié : « Il n'y a personne qui puisse paraître devant le lion sans trembler ! »

Un autre disait : « Devant toi, chef, nous ne sommes que des paquets de vêtements ! »

Nos potentats, somme toute, de Lerothodi au moindre chef de village, ne sont pas fiers, et cela est un grand avantage, car on peut leur parler et leur dire quelquefois des vérités sans qu'ils se fâchent par trop ; bien supérieurs en cela au puissant empereur Charlemagne qui, nous dit Eginhard, détestait ses médecins qui avaient eu le courage de lui dire que la viande rôtie était nuisible à sa précieuse santé.

MATSIENG, VILLAGE DU CHEF LETSIÉ (D'APRÈS UNE PHOTOGRAPHIE DU Dr G. CASALIS)

Envers nous, leurs missionnaires, les chefs font assez souvent de leur mieux pour nous montrer de la déférence ; mais, hâtons-nous d'ajouter que ce bon vouloir n'est pas général, de plus il est bien intermittent.

Je me souviens de la cordiale s·lutation de bienvenue que m'adressait, lors de ma première visite à Thaba-Bossiou, Masoupa, le frère de Letsié : Ponchoure, mocheux ! Son français n'était pas très brillant, mais ce chef faisait ce qu'il pouvait pour être aimable. Son portrait vous le montre en grande tenue avec des épaulettes de capitaine de pompiers qui lui donnent tout à fait grand air.

J'avais convoqué un certain jour le chef Potsane Mohale à une réunion dans la chapelle qui est près de son village. J'eus peine à le reconnaitre à son arrivée ; je ne pouvais me figurer que le monsieur si bien mis et ganté de frais (!) qui s'avançait vers moi fût le même que je voyais habituellement attifé de très pitoyable façon.

Un des chefs de Bahlapis, établi au sud du Lessouto, allant un dimanche à l'église, vêtu d'une grande couverture rouge, était suivi de ses principaux hommes, dont l'un portait au bout d'un

PORTRAIT DU CHEF MASOUPA

(D'après une photographie de M. Gribble.)

bâton le pantalon du chef qui, un peu à l'écart, se hâta de l'enfiler pour aller saluer son missionnaire !

Mais je ne vous parle pas de tout cela pour vous amuser, croyez-le bien, mais pour vous faire un peu plus connaître et aimer ceux qui nous entourent, chefs et sujets.

Tous les chefs, à part de rares exceptions, sont païens ou renégats — et polygames — et les soutiëns du paganisme et de ses coutumes coupables, augmentées de l'influence des *ngaka,* médecins-sorciers qui les entourent.

Avant de les juger, pensons à la triste éducation qu'ils ont reçue, et de quels conseillers ils sont entourés depuis leur enfance !

Aussi quoi d'étonnant si la plupart du temps la justice qu'ils rendent est non seulement boiteuse, mais aveugle, et si les fêtes de bière enivrante et d'eau-de-vie trouvent en eux de si fervents auxiliaires ?

Parfois ils réfléchissent, mais trop tard, comme bien d'autres gens pas africains du tout, ni le moins du monde nègres. Je me souviens du chef Ramakhéma qui, mourant, m'avait fait appeler et qui me disait : « Je regrette tant d'avoir vécu comme je l'ai fait, la terre et tout ce qu'elle donne ne vaut rien sans Dieu! » Peu après, il convoqua ses enfants et les gens de son village, pour leur dire solennellement la même chose, en ajoutant : « La circoncision, la polygamie, nos fêtes, etc., sont des péchés devant Dieu. »

La Femme au Lessouto

Il n'est pas juste de vous parler toujours des Bassoutos et de vous répéter que ces messieurs font ceci et puis encore cela sans jamais vous rien dire de leurs dames. Aussi, aujourd'hui je veux vous entretenir de ces dernières.

D'abord vous vous doutez bien de la grande différence qu'il y a entre les Bassoutoses selon qu'elles sont chrétiennes ou païennes. Ce n'est pas seulement le vêtement qui est autre ; c'est surtout l'éducation et la manière d'être.

La jeune fille païenne est élevée dans le paganisme ; cela va de soi, mais il est peut-être bon de le rappeler.

Jamais on ne parle à cette jeune païenne de son Père céleste et de son âme immortelle. Heureux quand on ne lui défend pas de fréquenter l'école de l'annexe du voisinage. Elle soigne le bébé pendant que sa maman travaille dans les champs ; elle

« BALÉ »

va à la fontaine ; elle s'enduit de graisse et d'ocre rouge ; assiste aux disputes journalières de son polygame de père ; prend part à toutes les superstitions qui, en tous pays, sont le partage de ceux qui n'ont ni Dieu, ni espérance, et enfin elle se

FEMME PORTANT DE L'EAU

rend à toutes les fêtes de danse et d'ivrognerie des environs.

De bonne heure elle quitte la hutte paternelle pour aller *mopatong*, autrement dit, pour aller vivre quelques mois à l'écart, avec d'autres jeunes filles de son âge, sous la direction, j'allais dire

« NGUANA MODULA », POUPÉE QUE PORTENT LES FEMMES PAÏENNES QUI N'ONT POINT D'ENFANT

d'une vieille sorcière... mais je me retiens, disons, au moins, d'une vieille coquine qui les initiera à tout ce que le paganisme a d'impur; au sortir de cette école d'immoralité, la jeune fille aura l'imagination souillée et le cœur perverti.

JEUNE FILLE PAÏENNE JOUANT DU THOMO

Les *balé,* nom qu'on donne aux jeunes filles habitant la hutte nommée *mopato,* s'attifent d'un costume qu'on peut sans exagérer qualifier d'étrange et qui probablement vous effrayerait quelque peu : une sorte de natte en guise de voile sur la figure, un bâton à la main et une grande couverture composent leur accoutrement.

Le mariage qui suit de près ces coutumes sera réglé à l'insu de la pauvre païenne et au plus grand profit des père, frères et oncles, qui doivent recevoir une vingtaine de bœufs, dix moutons et un cheval du père du jeune homme.

La mère n'a rien à dire dans la question, car elle sait qu'on ne se gênerait pas pour lui répliquer : « *Khutsa, u mosadi féela !* » (Tais-toi, tu n'es qu'une femme !)

Il peut arriver que la « fiancée » malgré elle ne veuille pas du mariage arrangé ainsi, mais elle peut rarement y échapper. Je me rappelle la fille d'un certain chef qui refusait de suivre le mari polygame que lui imposait son père, et qui fut attachée et battue...

Tout autre est, au moins en général, l'histoire de la fille élevée par des parents chrétiens.

MOYABENG A LA MEULE

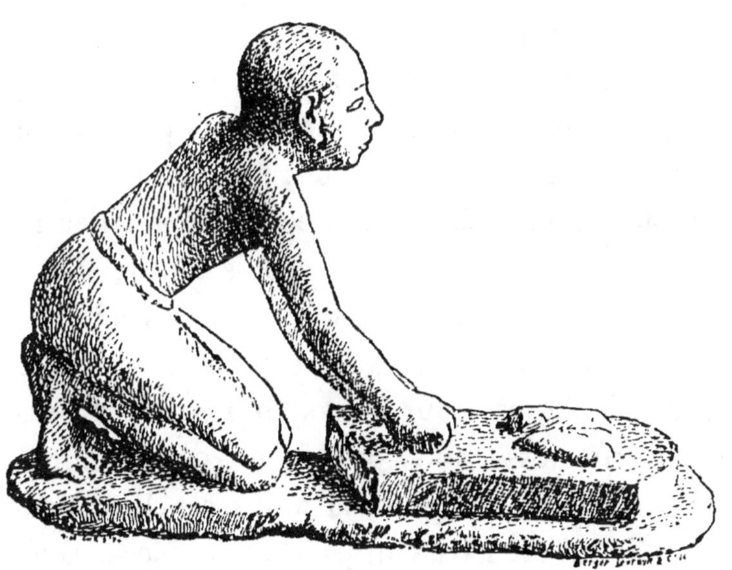

UNE STATUETTE ÉGYPTIENNE DU MUSÉE DU LOUVRE

Cette fillette est, comme votre sœur, une aide pour sa maman, une petite amie pour son papa.

Elle va à l'école primaire, apprend à coudre et peut-être aussi à tricoter. Devenue grande, elle a sa petite hutte ou bien sa petite chambre, tenue bien en ordre, ornée de gravures découpées dans des journaux illustrés, ou même de peintures de son cru, ce qui est bien plus original.

Elle suit aussi l'école du dimanche de la station, plus tard demande à être admise dans la classe de catéchumènes et quelques années après, fait sa première communion.

Les fiançailles arrivent, puis le grand jour du mariage. Vous jouiriez, j'en suis sûr, d'assister à un mariage dans notre chapelle; pour moi ce n'est plus une nouveauté, car j'ai eu à célébrer l'autre jour l'union du 185e couple depuis que je suis à Hermon ! Mais le coup d'œil en vaut la peine. La mariée, tout en blanc, gantée pour la première fois de sa vie, est tout émue. Son mari est à ses côtés, ganté aussi; son costume est généralement noir et sa tenue très digne, surtout si ses chaussures neuves ne lui meurtrissent pas trop les pieds. Derrière sont des garçons et des demoiselles d'honneur,

ÉLIÉLE ET RÉBEKA, GROUPE DE MARIÉS

le cortège des parents et amis et la foule des admi-
rateurs, tous amateurs sérieux de la viande des
deux ou trois bœufs tués à l'occasion de la fête.

La femme partage avec son mari les travaux
des champs, mais à cela s'ajoutent bien d'autres
devoirs, coudre les vêtements des enfants, moudre
le grain et, chose assez remarquable, soit dit entre
parenthèses, sur un moulin semblable à celui employé en Égypte il y a plus de 3,000 ans !

PEINTURE FAITE PAR UNE JEUNE FILLE DANS SA HUTTE

Il faut aussi fréquemment *Smirer* la maison,
c'est-à-dire passer, à l'intérieur comme à l'extérieur,
une légère couche de terre, mélangée à de la bouse
de vache...

POTERIES DIVERSES

Bien des femmes indigènes ont du savoir-faire et souvent une réelle habileté non pas seulement pour la couture, le repassage ou dans la confection de belles nattes ou d'autres objets, mais pour la poterie où, sans le moindre ébauchoir et le plus petit moule, elles deviennent fort habiles.

Les alcarazas de leur fabrication ne le cèdent guère à ceux d'Espagne et de Ténériffe. Ces ouvrières en « l'art de terre », à part tous les pots d'usage ordinaire, donnent à leurs œuvres des formes capricieuses imitant des marmites, bouilloires et tasses très heureusement rendues..., ou bien des formes encore plus curieuses qui seraient tout à fait capables de rendre jaloux les anciens potiers étrusques.

Quant aux fours usités par ces artistes, ils sont des plus primitifs ; on couvre de *disou,* c'est-à-dire de bouse sèche, l'objet à cuire et on laisse le feu faire le reste.

Ici, comme ailleurs, la mère de famille est le centre du foyer. Bien des Bassoutos pourraient sans nul doute répéter les mots que le brave évangéliste Asser Sehahabane disait il y a quelque temps, dans une réunion : « Si je suis un chrétien

MAMOKUTU, PAÏENNE ET CHRÉTIENNE

c'est aux enseignements de ma mère que je le dois ! »

Enfin des femmes d'évangélistes et d'instituteurs sont de vraies conseillères pour leurs maris, qui ne feraient rien sans les consulter. Leurs enfants bien élevés et leur maison tenue en ordre les font vite connaître et respecter par ceux qui les voient.

Vous savez que la mission du Zambèze compte plusieurs évangélistes bassoutos, et elle a déjà pu reconnaître la valeur des femmes de ces derniers et leur bienfaisante influence.

En tout pays c'est l'Évangile qui donne à la femme sa place au foyer et la met au rang qu'elle doit occuper dans la famille.

Je termine par un fait qui nous a particulièrement réjouis ces derniers temps. Notre *Petit Messager des missions* publia en 1884 un dessin que j'avais fait d'une païenne en tenue de danse. Mamokutu, la femme du chef Lenka, était vêtue d'un costume de peau de bœuf orné de perles de toutes couleurs, la tête bien luisante de graisse et couronnée d'un *Kharatsama* fait des poils de la queue d'un porc-épic et un petit bouclier de danse à la main.

Bien des conversations avaient suivi la petite

séance de pose; longtemps Mamokutu avait résisté, cherchant à oublier dans des fêtes bruyantes le trouble de son cœur. Cependant elle vint il y a environ trois ans me dire textuellement : « J'étais aveugle; mais Jésus, le roi des aveugles, a eu pitié de moi; aussi je veux le suivre. »

On s'est passablement moqué d'elle dans son entourage, elle a traversé des temps de misère et de souffrance, mais elle a tenu bon. Nous avons pu la baptiser il n'y a pas bien longtemps et en souvenir du passé elle a bien voulu me permettre de faire de nouveau un croquis d'elle que je joins au premier pour vous les présenter.

Les petits Artistes

Voilà le jour de l'an qui s'approche et peut-être que plusieurs d'entre vous, pour des raisons diverses, n'auront pas d'étrennes. Eh bien ! vos amis, les petits Bassoutos, vont vous indiquer un moyen de vous faire très facilement quelque chose de joli et surtout de pas cher, pouvant fort bien, avec un peu de bonne volonté, remplacer les étrennes absentes.

Vous pensez bien que vos amis de par ici ne connaissent pas les joujoux qui vous ravissent : poupées, balles, billes, cerceaux, etc. M. Polichinelle leur est même inconnu ! Ils ont leurs jouets, si l'on peut les appeler ainsi, et leurs manières de s'amuser.

Par exemple, ils aiment extrêmement les voitures ou wagons à bœufs et ne sont jamais fatigués de s'en fabriquer.

Pas besoin de beaucoup d'outils pour cela. Nos petits négrillons ne sont pas, comme deux petits gamins blancs et que je connais bien, toujours en quête de clous, vis et ficelles. Nos amis prennent... Quoi ?... Vous ne devinez pas.

Eh bien, avec un peu de terre glaise et des brins de paille, ils font un wagon rappelant vraiment un peu ceux qui apportent les marchandises au Lessouto. Voyez un peu le wagon ci-contre ; il est pesamment chargé de vieilles boîtes d'allumettes et de bobines ; je ne sais si les quatre bœufs suffiront pour un tel bagage, malgré les efforts du conducteur qui, avec son fouet de paille, a l'air de se donner beaucoup de peine ; mais ce que je sais bien, c'est que vos amis s'amusent beaucoup du véhicule et de son attelage. Remarquez que les bœufs portent la marque du propriétaire ; l'artiste n'a rien oublié.

Si vous préférez faire une brouette, voici un modèle de même provenance que je place sous vos yeux. Les matériaux sont toujours de même simplicité : de la terre glaise et une paille.

WAGON A BŒUFS EN TERRE GLAISE FABRIQUÉ PAR DES ENFANTS BASSOUTOS

Quelques-uns de ces artistes en herbe ont un idéal plus élevé et se lancent sans le moindre trouble dans la statuaire !

Voici, par exemple, un cavalier crânement campé sur son cheval et coiffé d'un de ces grands chapeaux de paille à la mode chez les jeunes gens.

BROUETTE

Mais pendant que je vous présente ces chefs-d'œuvre, peut-être que vous murmurez : « Mais tout cela, c'est vraiment l'enfance de l'art ! » Cela est vrai, mais n'oubliez pas, s'il vous plaît, que c'est aussi l'art de l'enfance au Sud de l'Afrique. En tout cas, ils valent bien les terres cuites faites par des gamins antiques et qui sont si précieusement conservées au musée du Louvre.

Regardez maintenant ces figurines (p. 101). Je ne

sais si beaucoup de petits Parisiens, de dix ou même
de douze ans, pourraient faire, non pas mieux,

CAVALIER

mais aussi bien. Il y a là le buste d'un monsieur
quelconque ; à côté, voici un singe qui paraît très
occupé ; il y a encore une cigogne, je suppose ;
puis un coq ; sans oublier un gros habillé de soie.

Tout ceci dénote que, chez quelques-uns de nos petits Bassoutos, il y a cette observation et ce sens de la forme qui, dans les sociétés plus développées, produisent des Canova et des Barye.

Près de la maison missionnaire d'Hermon il y a une fillette, du nom de Krarebe, qui s'amuse à

FIGURES ANTIQUES DU MUSÉE DU LOUVRE

dessiner sur les parois de la maison paternelle des autruches, des arbres, etc., un morceau de craie ou de charbon suffit pour cela.

Un membre de l'Institut (section des beaux-arts) trouverait sans doute ces dessins fort rudimentaires ; mais cela n'empêche nullement Mama-

FIGURINES

fodi, la grand'mère de la susdite Krarebe, d'en être
toute glorieuse, ainsi que son mari, le vieux Matlakala... Un jour, j'ai trouvé notre jeune voisine
modelant avec de la terre des maisonnettes don-

MODÈLES DE HUTTES EN TERRE GLAISE

nant tout à fait l'idée de *l'architecture* indigène ; les
deux huttes avec le « lelapa », sorte de cour dans
laquelle il y a même des bancs ; au grand étonnement de Krarebe, je me suis mis à dessiner son
œuvre pensant que cela pourrait vous intéresser.

Si un poëte ancien a pu dire que rien de ce qui est humain ne peut lui être étranger, à combien plus forte raison pouvons-nous, nous chrétiens, le répéter.

Aussi ce que font ces *petits* nous touche, car leurs travaux, petits et grands, sont la preuve que la sagesse de Dieu se reflète dans ceux que la sagesse humaine plaçait naguère si bas et montre une fois de plus le lien qui relie entre elles toutes les branches de la famille humaine.

LA
Civilisation chez les Bassoutos

Je commence en vous disant en sessouto : *Re utse re phela hantle, ka mohau oa Molimo* (nous continuons de vivre par la grâce de Dieu). Ces mots reviennent toujours dans les lettres que les chrétiens bassoutos écrivent, et ils expriment une vérité que ni eux ni nous ne devons oublier. Cette simple phrase indique aussi quels progrès ont faits

ANCIEN GUERRIER MOSSOUTO

les Bassoutos depuis que l'Évangile leur a été apporté par les premiers missionnaires, il y a plus de soixante ans. On comprend cette parole d'un de leurs beaux cantiques, fait par M. E. Casalis : « Aujourd'hui nous sommes des hommes, nous savons prier. »

TABATIÈRE EN BOIS

Les anciens Bassoutos qui, avec leurs armes, boucliers et ornements de guerre, devaient avoir l'air de gros hannetons en colère, seraient profondément étonnés, s'ils revenaient, de rencontrer un de nos chrétiens, ses lunettes sur le nez, lisant la Bible ou le *Leseli- nyana* (la petite lumière), journal bimensuel, imprimé à Morija.

Que diraient-ils d'en voir un autre — un de nos instituteurs peut-être — mettant sa montre à l'heure et parlant d'aller porter de l'argent à la caisse d'épargne du bureau de poste le plus voisin ?

BROCHE

Quelle ne serait pas la stupéfaction d'un de ces ancêtres, en entrant dans certaines maisons de ses arrière-petits-enfants, de voir quelques volumes sur une planche, puis, près de la table, d'apercevoir quelques chaises ou escabeaux

FORGE INDIGÈNE

et des gravures coloriées bien voyantes égayant les murs? Dans la chambre à côté, il entreverrait

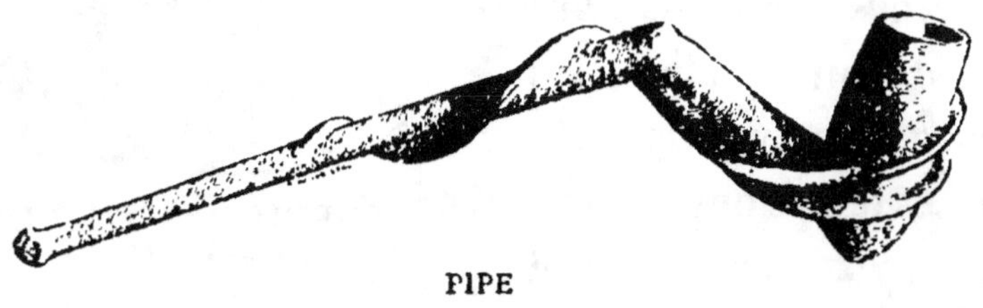

PIPE

un lit en fer, un peu de vaisselle bien rangée sur une caisse façonnée en armoire.

Notre ancien n'y comprendrait rien et trouverait que tout cela est bien loin de l'ocre rouge, qui suffisait aux besoins de luxe du temps passé, loin aussi des turpitudes du paganisme, où le « yoala », bière enivrante, était le seul idéal recherché de tous; bien lointain encore du temps des guerres qui, si fréquemment, décimèrent la tribu et qui, parfois, étaient suivies d'actes de cannibalisme.

Nous pouvons dire avec l'auteur d'un beau livre récemment paru[1] : « Les temps ont marché depuis; Jésus, le seul nom qu'on adore à travers tous les peuples, toutes

MORTIER ET PILON
pour concasser le maïs.

---

1. *Jésus-Christ,* par le R. P. Didon.

les races, tous les temps, a grandi, détruisant le paganisme, civilisant la barbarie, créant un monde nouveau. »

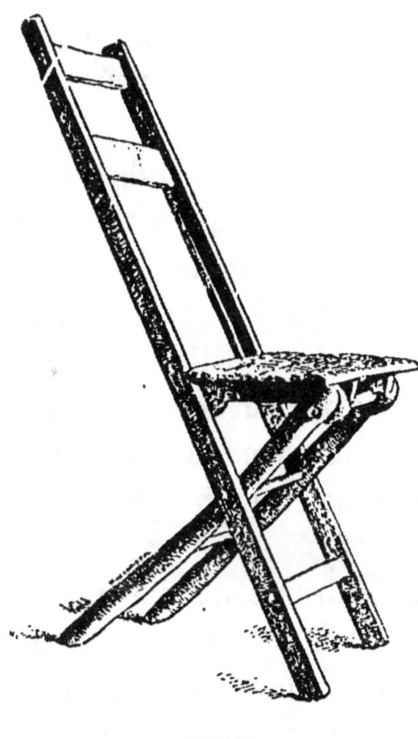

CHAISE

Les Bassoutos sont loin de savoir travailler le bois aussi bien que les Congolais ou les Zambéziens. Ils ne seraient pas non plus capables de faire ces jolis et singuliers bijoux, ouvrages des Sénégalais ou des Kabyles, mais ils ont cependant une certaine ingéniosité qu'il faut reconnaitre, comme en témoignent maints petits travaux en bois, en fer, en cuivre, en os ou en corne.

Je pourrais, entre autres, vous présenter une quinzaine de tabatières de toutes sortes, collec-

CUILLÈRE

tionnées par mon ami le plus intime, fort différentes, cela va sans dire, de celles de la collection Sauvageot, figurant au musée du Louvre, mais peut-être plus curieuses; dommage seulement qu'elles n'aient pas la même valeur !

Les bracelets et surtout les broches, méritent une mention spéciale; quelquefois, ces dernières ont la forme d'un bouclier, d'une grenouille, d'une hache, etc. Elles sont faites en cuivre ou en fer, mais on peut rencontrer des « bijoutiers » qui, avec des monnaies d'argent, font des bagues et des broches assez réussies.

Un collectionneur sérieux ne dédaignerait sans doute pas de posséder une pipe de la façon d'un Mossouto; non pas pour la fumer, fi donc ! mais bien plutôt pour la placer à côté d'une canne en bois sculpté, d'une cuiller ou autre bibelot de même provenance.

Les indigènes imitent aussi assez heureusement divers articles européens.

Par exemple, la chaise ci-devant, le chef-d'œuvre de Benoni, le maître d'école d'Hermon, est assez adroitement faite. De même aussi le grand mortier taillé dans un tronc de saule, avec pilon

CHAPEAU

en bois d'olivier, pour concasser le maïs, que nous possédons grâce à l'habileté d'un homme de la station de Béthesda. Le magistrat de Maféteng a

trouvé ce monument si bien fait qu'il m'a demandé
de le joindre à tous les objets dont je vous parle
pour faire partie d'un envoi que le gouvernement
prépare pour l'exposition qui doit avoir lieu dans
quelques mois à Kim-
berley, la ville aux
mines de diamants [1].

Vous pensez bien
que comme collec-
tionneur j'ai été flatté
de la chose : on de-
vient si vite orgueil-
leux !

Quant au chapeau
de fantaisie reproduit
ici, il faut avouer qu'il
rappelle fort peu le
fameux « tuyau de

FIGURINE GRECQUE
Du musée du Louvre.

poêle »; je l'ai copié aussi fidèlement que possible
d'après nature. On a beaucoup plus envie de l'admirer que de le porter, et, vous savez, les cha-

1. Chose étrange, on retrouve ce mortier et son pilon sur des peintures
de vases antiques et dans la collection des figurines grecques du musée du
Louvre.

peaux d'hommes ne sont, en général pas gâtés, sous le rapport des louanges!...

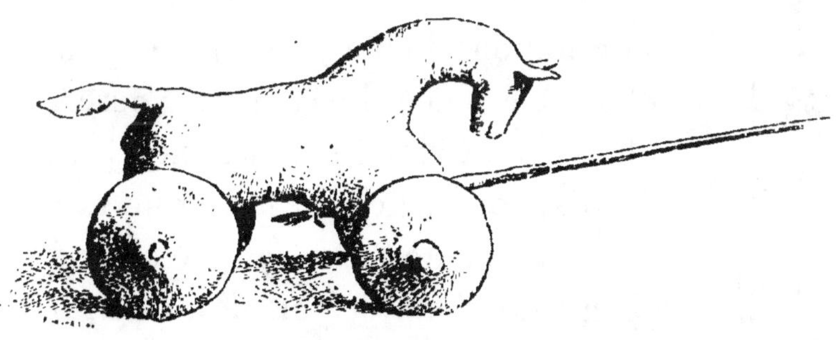

Si les garçonnets se font, comme je vous l'ai dit une fois, des sortes de jouets, les papas bassoutos, tout comme leurs collègues français, savent aussi faire plaisir à leurs enfants.

VOITURE D'ENFA

Je vous assure que le jeune Letsosa était bien

JOUET, CHEVAL A ROUES

glorieux de tirer la petite voiture que son père, le

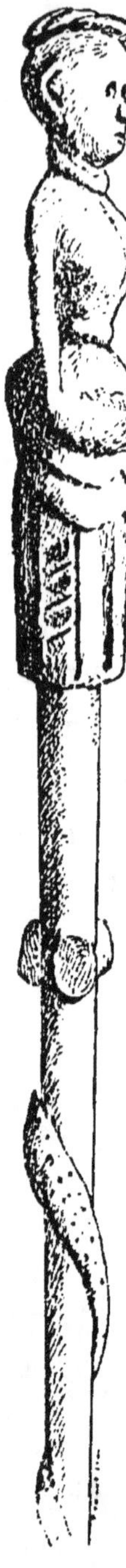

CANNE

brave évangéliste Onesima Motsieloa, lui avait fabriquée. Un autre fera, pour son fils, un cheval en terre glaise avec des roues qui roulent, ce qui est, comme vous savez, une grande qualité pour des roues !

Ou bien encore, notre fidèle Pétréa confectionnera, pour une de ses petites sœurs, une poupée que je m'empresserai de dessiner pour vous montrer son savoir-faire.

Puisque je vous parle de Pétréa, je profite de l'occasion pour vous offrir son portrait dans sa toilette du dimanche, car, comme elle désirait avoir son portrait pour donner, je suppose, à son fiancé, elle a de suite consenti à poser. Elle, et en général les jeunes filles chrétiennes, commencent à penser un peu trop à la toilette, et, quand on fait une observation à ces demoiselles, elles répondent d'une manière triomphante : « *Ke moda oa rona !* » (c'est notre mode !)

Naturellement ce n'est pas la mode

PÉTRÉA, JEUNE FILLE CHRÉTIENNE

suivie par les familles missionnaires qu'elles choisissent, mais bien celle qu'elles observent dans les villages de la Colonie et de l'État libre de l'Orange.

Parfois elles montrent assez de goût, mais souvent, par leur exagération, on dirait qu'elles tiennent à bien nous faire savoir que l'épargne ménagère leur est tout aussi étrangère que l'économie politique.

D'autres marques sensibles de la civilisation nous réjouissent plus, car elles témoignent de progrès intellectuels; et, comme l'a dit un savant géographe[1] : « Chez les Bassoutos, la civilisation n'est pas seulement extérieure et ne consiste pas uniquement à remplacer les vêtements de peau par des vêtements de laine et de coton importés d'Angleterre, et à bâtir des maisonnettes de briques ou de pierres au lieu de huttes de branchages. Il est des Bassoutos qui réfléchissent, discutent les idées et suivent leur voie personnelle. »

Lors des premiers temps de la mission, une lettre était un événement fort émotionnant; celui qui en était chargé la fixait au bout d'un roseau

---

1. *L'Afrique méridionale*, par M. E. Reclus.

FACTEUR INDIGÈNE

fendu à son extrémité et la portait comme une bannière à son destinataire. De nos jours, le bureau de poste de Morija, pour ne parler que de celui-là, reçoit en moyenne de deux cent cinquante à trois cents lettres par semaine.

Autre fait se rattachant à la poste : un indigène est chargé, à la suite d'un contrat passé avec le gouvernement, du service de la poste de Maféteng à Mohale's Hoek, et fait fonctionner ce service deux fois par semaine avec une rigoureuse exactitude, en se rendant compte de la responsabilité qui pèse sur lui.

Mais si je continue sur ce chapitre, je risque de m'étendre un peu trop, écueil que je veux éviter autant que faire se peut.

Il faudrait vous parler des cultures, qui ont remarquablement progressé. Nombre d'indigènes cultivent, à la charrue, bien entendu, d'abord les céréales, puis aussi un peu les pommes de terre, les melons, les haricots, oignons, tabac, betteraves, etc.

Je devrais de plus vous mentionner les travaux des élèves de notre école industrielle de Leloaleng. Le beau bâtiment qui figure ci-après a été inauguré il n'y a pas longtemps ; il prouve en faveur de l'école et de ses élèves-tailleurs de pierre, maçons et charpentiers. Je vous recommande aussi chaudement les bancs, tables, armoires, etc., qu'on y fait, pour quand vous devrez vous mettre en ménage.

Les jeunes filles des stations comme Morija, Hermon, etc., sans oublier celles de l'école supérieure de Thaba Bossiou, arrivent à tricoter des bérets qui se vendent très aisément et des bas presque aussi bien qu'une grand'maman européenne.

Qui sait même si les blanchisseuses de Meudon ne seraient pas un peu jalouses de plusieurs de leurs émules du Lessouto, moins bruyantes probablement et tout aussi habiles?

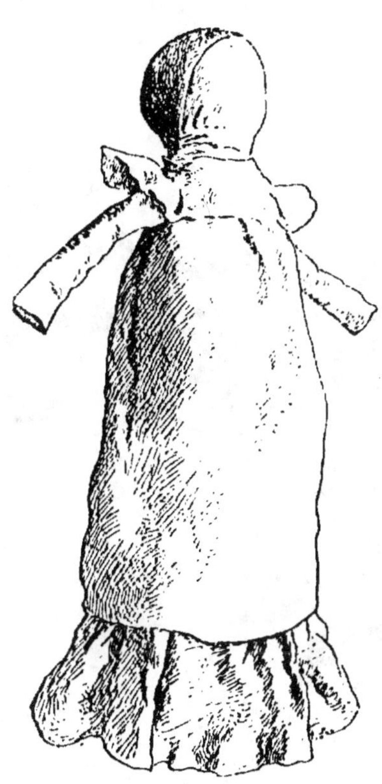

POUPÉE EN CHIFFONS

ÉCOLE INDUSTRIELLE DE LELOALENG, D'APRÈS DES PHOTOGRAPHIES FAITES PAR M. ANDRÉ CERMOND

Je pourrais également vous citer tel indigène de ma connaissance qui, sans l'avoir appris, raccommode les selles presque aussi bien qu'un sellier de profession. D'autres sont maçons ou couvreurs à la satisfaction générale, sans plus d'apprentissage régulier. Ils font même des œuvres d'art, témoin la chaire de la chapelle de Ditsueneng, une annexe de l'église d'Hermon, ou le clocher de l'annexe de Khoro, composé d'une partie de fer de roue fixée à un bâton.

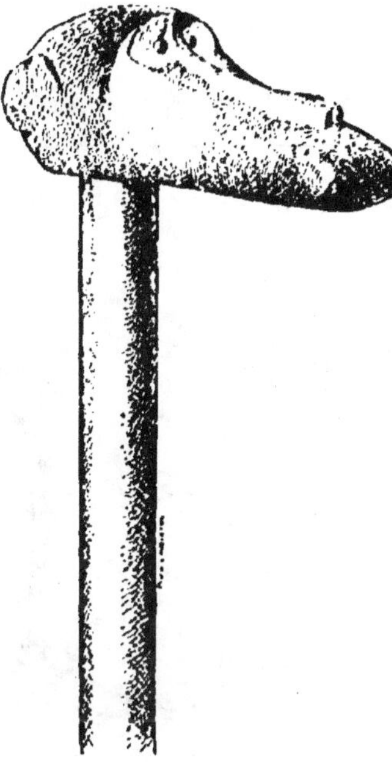

CANNE

Pour bien faire, je devrais aussi vous conduire à l'imprimerie et à l'atelier de reliure de Morija, établissements qui font grand honneur à leur fondateur-directeur, le regretté M. A. Mabille, comme aussi à nos Bassoutos.

Tous les ouvrages primaires et bien d'autres sortent de là, et pas en petit nombre, comme vous pouvez en juger par le dessin reproduit plus loin

UN CLOCHER PRIMITIF

(p. 136-137) et qui représente plusieurs des livres imprimés au Lessouto.

Quant aux chiffres des tirages, je ne vous mentionnerai que l'*Abécédaire,* dont il a été tiré, jusqu'à présent, plus de cent trente et un mille exemplaires.

La Bible a été imprimée en Angleterre en 1881, et forme un beau volume bien relié, doré sur tranches et orné de cartes. Il en est vendu chaque année de quatre à cinq cents et environ quinze cents exemplaires du Nouveau Testament.

Je ne peux pas oublier l'école normale installée aussi à Morija; elle est certainement, dans ses résultats, une des plus belles preuves du développement intellectuel que les indigènes peuvent atteindre. Depuis sa fondation, il y a une vingtaine d'années, plus de cent de ses élèves ont obtenu le brevet d'instituteurs primaires dans les examens du gouvernement de la colonie du Cap, où blancs et noirs sont exactement soumis au même programme.

Notre école biblique, fondée et dirigée par le vaillant M. A. Mabille, doit aussi être signalée, car elle a formé nombre de catéchistes dévoués qu'on

ÉCOLE BIBLIQUE DE MORIJA

retrouve non seulement au Lessouto, dans l'État libre de l'Orange, dans le Transvaal, mais aussi dans le Béchuanaland et jusqu'aux rives du Zambèze.

Pour ce qui regarde les écoles primaires (qui s'élèvent à environ cent quarante et comptent plus de sept mille enfants), il est intéressant de vous citer ce qu'en disait, il y a environ trois ans, un inspecteur des écoles du gouvernement, qui, sur l'invitation du magistrat supérieur du Lessouto, a visité bon nombre de nos écoles de stations et d'annexes : « Il n'est pas douteux, dit-il dans son rapport imprimé à Morija, que ces écoles arrivent à dépasser celles des autres indigènes du Sud de l'Afrique, comme la race des Bassoutos dépasse les autres en énergie et en intelligence. »

Toutefois, le grand progrès ne se trouve pas dans les avantages de la civilisation qui s'étendent chaque jour davantage, malgré les efforts d'un paganisme vivace; il n'est pas non plus dans le développement intellectuel de nos Bassoutos, mais dans le fait qu'ils connaissent les mots de devoir, conscience, fidélité, foi..., qu'ignoraient leurs pères.

Il faut bien se garder de trop généraliser les progrès dont je viens de vous parler ; *il reste beaucoup*

CHAIRE DE LA CHAPELLE DE DITSUENENG

à faire encore et dans tous les sens, ne l'oublions pas.

Les chrétiens ne forment qu'une infime minorité, et parmi eux, bien souvent des chutes ou des défections nous attristent; leur vie spirituelle a besoin de se développer, leur foi de s'affermir...

Mais à l'heure où la science croit devoir répéter son dédaigneux jugement : « La race noire n'a que peu ou point d'âme [1] », il est bon de constater que le développement de la mission et de la civilisation parmi les Bassoutos affirme l'unité de la grande famille humaine et la puissante vitalité de cet Évangile qu'on essaye d'oublier ou de rabaisser.

Je termine, comme j'ai commencé, à la sessouto, en vous disant : « *Lumelang ba heso !* » c'est-à-dire : « Salut, gens de chez nous ! »

---

1. *La Cité moderne*, par J. Izoulet, citation faite par la *Revue chrétienne*, juin 1895.

Quelques inconvénients

DE LA

Civilisation chez les Bassoutos

Rassurez-vous, je ne vais pas dire du mal de la civilisation, mais seulement vous faire remarquer certains mauvais effets qu'elle peut produire.

L'homme, a-t-on dit, est un grand enfant, et l'enfant un petit homme. Cela est vrai pour les nègres comme pour nous, et tous, grands enfants et petits hommes, nous sommes bien plus disposés à imiter le mal que le bien.

Il en est ainsi, par exemple, dans la question de l'eau-de-vie, qui fait tant de mal dans notre Europe et qui exerce aussi, malgré les lois gouvernementales, ses ravages parmi les noirs de l'Afrique du Sud, qu'elle ruine au physique comme au moral.

Le petit village de Wepener, situé près d'Hermon, mais dans l'État libre d'Orange, est un
endroit des plus civilisés; il y a une église réformée hollandaise en pierres de taille, avec un beau
clocher muni d'une grosse horloge qui bat souvent la campagne, il est vrai, — nous avons tous
nos défauts, — mais elle fait très bien dans le
paysage, ce qui n'est pas toujours notre cas...

Wepener possède également une chapelle anglaise en briques rouges, un bureau de poste et
télégraphe, une belle prison toute neuve, quatre à
cinq magasins, une pharmacie avec un grand bocal
jaune, puis une bibliothèque publique comptant
bien 200 volumes tous reliés, et, au milieu de tous
ces efforts de la civilisation, nombre de Bassoutos
ne remarquent que la « cantine » !

Il y a aussi des courses dans le pays, ce qui n'a
rien d'extraordinaire, puisqu'il y a des Anglais et
aussi des chevaux dans la contrée; ce qu'il y a de
plus grave, c'est que le « pari mutuel », cette lèpre
qui fait tant de victimes ailleurs, y apparaît aussi
dans une certaine mesure, et que les indigènes ont
trouvé moyen de s'y livrer ! D'autres passent des
heures, enfermés dans une petite hutte, à jouer avec

VUE DE WEPENER

des cartes aussi graisseuses que le vêtement d'un Esquimau et semblent y prendre plaisir !

Les Bassoutos fument... Je ne vais pas médire des fumeurs ni de leurs amis les priseurs, ni m'ingénier à décider que priser ou fumer sont des qualités ou des défauts ; mais, franchement, si la civilisation n'avait eu que la pipe ou la tabatière à introduire dans le pays, elle aurait aussi bien pu rester chez elle !

Les Bassoutos, nous en avons déjà parlé, commencent à aimer la toilette, mais ils aiment aussi les bijoux, — encore une qualité qui est bien près d'être son contraire ; — leurs goûts sont encore simples, car ils se contentent de broches et de bracelets de cuivre ou de fer fabriqués

LA PIPE D'UN ZOULOU

par des « joailliers » indigènes ; cependant, les personnes plus fortunées se procurent chez les marchands des broches magnifiques ou des boucles d'oreilles et des bagues en « doublé », ornées par-

fois de diamants valant bien trente centimes les deux !

En fait de boucles d'oreilles, les Zoulous sont, je crois, les plus pratiques : on fait un trou dans le lobe de l'oreille et l'on y passe sa pipe ; cela est commode, peu coûteux et tout à fait distingué.

Je ne dis rien des gants dont quelques Bassoutos commencent à se servir ; cependant cela fait un singulier effet de leur en voir, ceux que la nature leur a donnés leur allant si bien !

Les élèves des écoles ont emprunté des jeux aux enfants blancs. Les garçons de l'école à

Hermon jouent aux barres ou à saute-mouton, pendant que les fillettes sautent à la corde ou jouent aux osselets. Il n'y a rien à redire à cela; j'aimerais même me joindre à eux si mes moyens me le permettaient. Mais ce que j'ai dû défendre, ce sont les mauvaises farces que les anciens élèves faisaient aux nouveaux arrivants. A l'école normale de Morija et ailleurs, on a aussi dû s'élever contre ces sortes de brimades! D'où les Bassoutos ont-ils pris ces sottes pratiques? En tout cas, je vous prie de croire que je ne leur ai jamais fait confidence des vexations que j'ai eu à subir à l'École des Beaux-Arts quand j'étais le *nouveau*.

La civilisation tant vantée n'arrête pas le paganisme, témoin le dessin ci-après fait d'après une photographie et représentant l'un des principaux chefs du Lessouto dirigeant un *mohobelo* ou fête païenne, en costume européen et armé du *thébé*, ancien bouclier de guerre, devenu ornement de danse (voir p. 139).

Bien plus, la civilisation sans l'Évangile est funeste aux noirs; du reste pour nous-mêmes, elle n'est qu'un vernis qui cache à peine le mensonge et la mort.

Dans combien d'endroits de la terre africaine pourrait-on répéter ces mots d'un missionnaire du

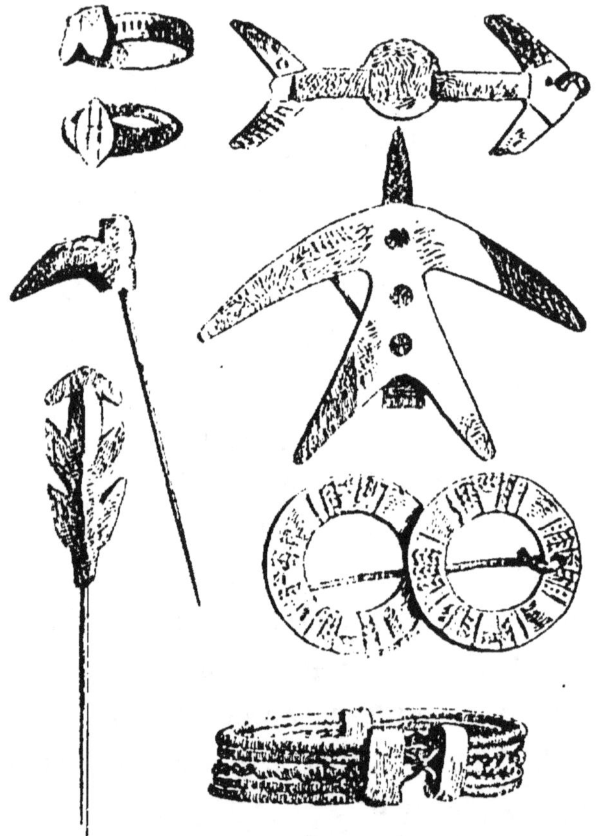

BROCHES, ÉPINGLES, BAGUES

Lessouto[1] : « Les blancs corrompent les sauvages

---

1. *Pourquoi les missions,* par Dieterlen.

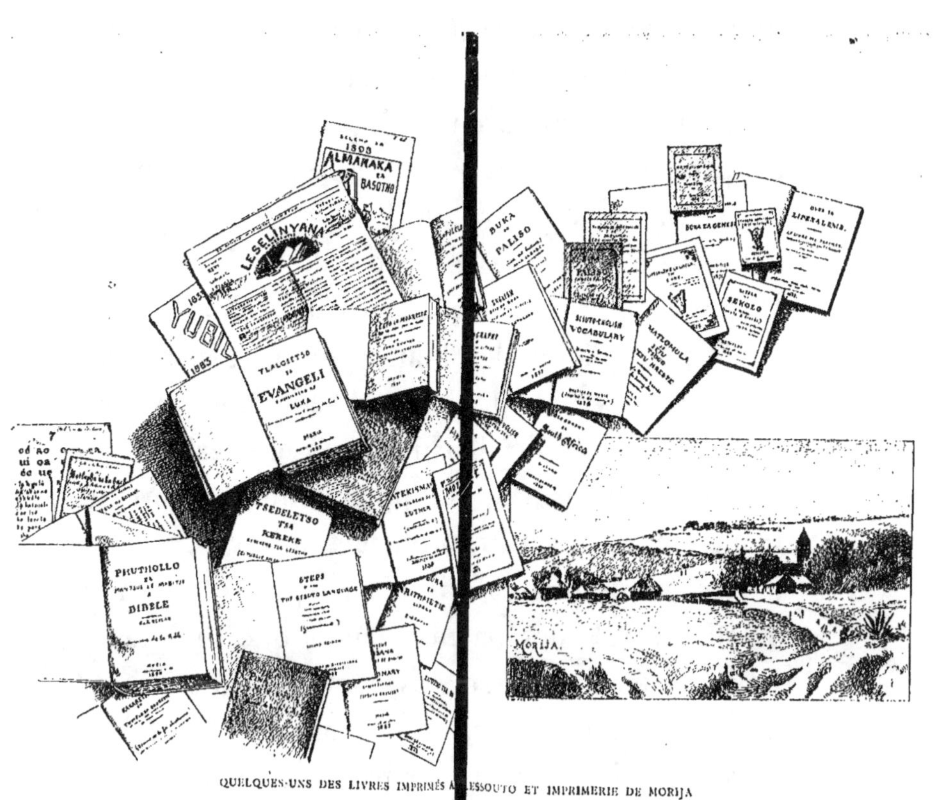

QUELQUES-UNS DES LIVRES IMPRIMÉS AU LESSOUTO ET IMPRIMERIE DE MORIJA

et leur apportent des misères et des vices qu'ils ne connaissaient pas. » C'est justement ce que dit de son côté un écrivain[1] célèbre dans un livre connu : « Nous civilisons avec nos vices. »

Comme on comprend le roi chrétien Khama[2], du pays des Bamangouato, au sud du Zambèze, qui, voyant les progrès de l'eau-de-vie empoisonnant son pays, s'écriait : « Je redoute *la boisson du blanc* plus que toutes les assagaies des Matabélés ! »

Cela s'explique : les blancs donnant si souvent le funeste exemple de l'amour de l'argent et d'une soif immodérée de plaisir, comment les noirs ne les suivraient-ils pas, eux pour lesquels le premier blanc-bec venu est un modèle à imiter ?

Les missionnaires d'il y a cinquante ans n'ont eu affaire qu'à des païens, tandis que maintenant nous avons des Bassoutos, non seulement incrédules mais sceptiques, ce qui prouve une fois de plus que s'il y a des païens par ignorance, il y en a d'autres qui le sont par choix.

Mais il y a des Bassoutos qui écoutent la voix

---

1. A. Daudet, *Tartarin de Tarascon.*
2. Voir *L'Ami de la Jeunesse,* septembre 1896.

de leur conscience : le développement important des Églises de ce pays est là pour en témoigner.

CHEF DIRIGEANT UNE DANSE

Un fait qui me fut dans le temps raconté par notre regretté collègue, M. Duvoisin, et par lequel je termine ces quelques observations, peut ici trouver sa place.

Une païenne qui se sentait inquiète et tourmentée par des pensées religieuses, se demandait ce qu'elle pouvait faire. Elle alla trouver une de ses voisines, une païenne comme elle, mais qui plusieurs fois était allée à l'église, et lui demanda si elle savait prier.

Celle-ci lui répondit : Hélas ! je ne sais... Et les voilà tristes toutes deux... Quand, tout à coup, cette dernière s'écrie : Je me souviens que j'ai entendu dire que, quand on ne sait pas prier, il faut dire : « Seigneur, enseigne-moi à prier ! »

Voici cette fois un bon exemple à suivre pour les noirs comme pour les blancs.

Médaille d'argent !...

La collection d'objets indigènes que j'ai pu réunir, — tant ceux se rapportant à l'industrie des Bassoutos que ceux se rattachant au passé et à l'histoire naturelle de leur pays, — a figuré à l'exposition de Kimberley, l'une des villes les plus importantes du sud de l'Afrique.

MÉDAILLE
DE L'EXPOSITION DE KIMBERLEY

Ladite exposition vient de se fermer, et j'apprends que j'ai obtenu une médaille d'argent ! Voilà un honneur auquel je ne m'attendais guère en venant en mission !

Il y a plus de vingt ans que j'ai eu mes dernières médailles à l'École des Beaux-Arts de Paris : aussi les émotions qu'elles me causaient sont bien loin de moi. Cependant, je ne ferai peut-être pas mal de me procurer un souffleur de bonne volonté pour me répéter quelque chose comme au triomphateur romain de l'ancien temps : « Tout lasse, tout passe, tout casse ! »

Cette médaille, je le vois bien, n'est pas tout à fait à moi, et, si vous le voulez, nous allons donner à chacun la part qui lui revient.

Parmi les quelques dessins qui étaient joints à mes bibelots, figuraient quelques copies de peintures faites par des Bushmen.

TITUS LE VIEUX BUSHMAN
(D'après une photographie.)

Ces Bushmen, qu'on croit avoir été les premiers occupants de l'Afrique australe, étaient de véritables artistes. On suppose qu'ils sont parents des Hottentots, mais on peut affirmer qu'en revanche,

PEINTURE DE BUSHMEN (CHASSE A L'HIPPOPOTAME)

ils n'ont aucun rapport avec les écoles de peinture classique, réaliste, impressionniste, pleinairiste ou autres. Leurs œuvres n'excitent sans doute pas autant d'admiration que le *Radeau de la Méduse* ou l'*Apothéose d'Homère;* mais on est cependant saisi d'intérêt pour ces artistes sauvages, qui, avec des procédés de leur invention, dessinaient ou plutôt peignaient avec une grande finesse et en plusieurs couleurs, sur des parois de rochers, dans des cavernes, des scènes de guerre ou de chasse, où l'on découvre une observation des formes et des mouvements vraiment remarquable.

Comme il est difficile d'emporter une caverne, j'ai dû copier, le plus fidèlement possible, les rares peintures que j'ai réussi à rencontrer. J'en ai vu une dans les environs de Thaba-Bossiou représentant, tant bien que mal, des guerriers tirant de l'arc. Dans les montagnes, près de la station de Sebapala, j'ai copié une scène de chasse; mais la plus complète et peut-être la plus curieuse qu'on puisse voir est dans une sorte de caverne, près la station d'Hermon.

Ci-contre je vous présente la copie que j'en ai faite, pour que vous ayez une idée du talent de ces étranges artistes peintres[1]. Mais on retrouve dans tout le Sud africain des travaux artistiques des susdits Bushmen : dans le Damaraland où ils semblent tenir autant d'une sorte d'écriture que du dessin ; dans le Transvaal ils sont gravés sur des pierres noires très dures.

PEINTURE (TIREURS D'ARC)

Les Bushmen se servaient d'une pierre percée d'un trou dans lequel ils passaient un bâton pour chercher leur nourriture dans des fourmilières, etc.

---

1. Cette peinture représente une bande de Mat*bélés attaquant une troupe de Bushmen, dont la plupart font face à l'ennemi, pendant que d'autres cherchent à protéger un troupeau contre les assaillants. (Voir le *Bulletin* de la Société de géographie. Paris, 1884.)

Il est intéressant de remarquer que ces pierres, dont le nom est « qibi », sont absolument semblables à celles dont usaient les Californiens pour creuser le sol et en extraire des racines comestibles. Plusieurs des unes et des autres figurent au musée d'ethnographie du Trocadéro, à Paris.

QIBI, PIERRE DE BUSHMAN

Les Bushmen ou Boschjesmannen — mots anglais et hollandais signifiant tous deux *hommes*

DESSIN-ÉCRITURE (DAMARALAND)

des bois — ont été, dans le temps, traqués et détruits comme des bêtes sauvages, tant par les

Blancs que par les Noirs. Ce sont, disait Levaillant[1],
un de nos compatriotes qui a parcouru le sud de

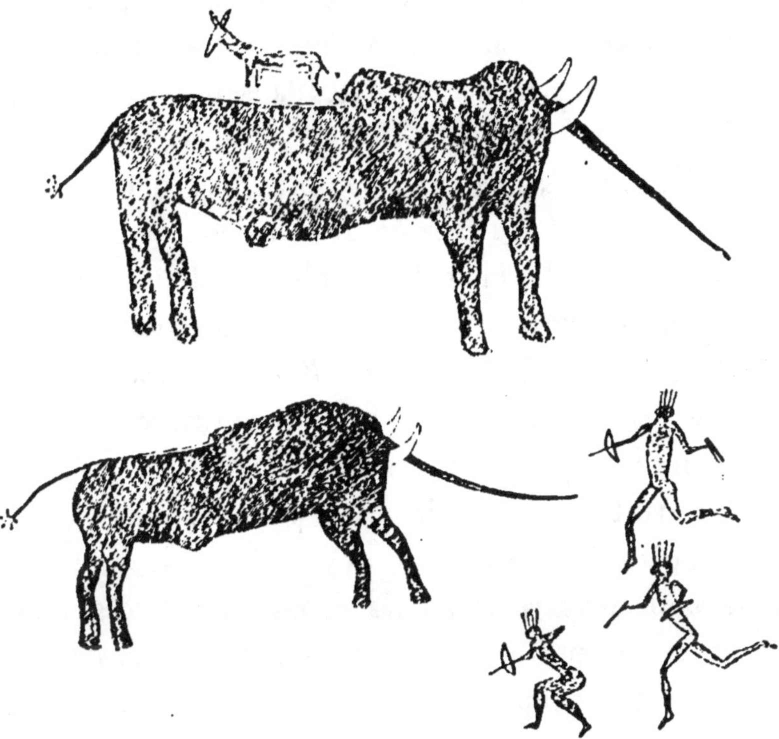

PEINTURE (CHASSE A L'ÉLÉPHANT)
(D'après une copie conservée au Musée de Bloemfontein.)

l'Afrique il y a un siècle, « de vrais pirates de

1. *Voyage dans l'intérieur de l'Afrique et au cap de Bonne-Espérance.*
1790.

terre, abandonnés à tous les excès du désespoir et de la misère ».

Il y a cinquante ans, le zélé missionnaire Th. Arbousset pouvait encore dire[1] : « La seule vue d'une face blanche les jette dans des transes de frayeur. »

Aujourd'hui, ils ont à peu près disparu du pays ; j'en ai rencontré parfois un ou deux vivant très misérablement, mais il faut aller très loin pour en rencontrer des groupes un peu importants.

Leur nom indigène est *Baroa* et est encore une grave injure parmi les Bassoutos, car il est synonyme d'êtres méchants et dégradés.

Quant à leurs peintures, puis à leurs flèches empoisonnées, qui leur avaient valu le surnom d'*hommes-scorpions*[2], elles prouvent que ces méprisés étaient plus développés que toutes les autres races qui peuplent l'Afrique du Sud... Il est à observer que les Bassoutos eux-mêmes essaient d'imiter des dessins de ceux-ci pour orner des calebasses ou des cannes, comme celle dont nous donnons plus loin une reproduction détaillée.

---

1. *Voyage au nord-est de la colonie du Cap.* 1842.
2. *Mes Souvenirs*, par E. Casalis.

ANIMAL GRAVÉ SUR UNE PIERRE (CONSERVÉE AU MUSÉE DE LA VILLE DU CAP.)

Ainsi donc, soyons justes : à eux la moitié de la médaille !

J'ai aussi envoyé, à la même exposition, des poupées — mais oui, des poupées — cela vous étonne ?

J'ajoute même que j'y tiens beaucoup et que je les soigne presque aussi bien que votre petite sœur les siennes.

Mes poupées représentent des Bushmen et sont faites en peau par une Boerine de l'État Libre de l'Orange. Si, d'une part, elles prouvent l'habileté de cette bonne dame, de l'autre, elles nous indiquent l'intérêt qu'on a encore pour ces étranges sauvages.

Les Hottentots, cousins de ces derniers, ne sont pas non plus si sots, comme peut déjà nous le confirmer un seul fait : beaucoup d'entre eux se servent, pour moudre leur grain, d'un moulin, peut-être de leur invention, étonnamment semblable à celui en usage en Palestine, où ils n'ont certainement pas été le copier (voir p. 157).

Reste à partager l'autre moitié de la médaille, ce qui sera facile : M. F. H. Krüger a droit à en avoir une part pour sa carte du Lessouto que j'ai aussi envoyée à Kimberley. Notre ami Dieterlen

POUPÉE REPRÉSENTANT UN BUSHMAN

peut, de même, en réclamer une partie; sa mâchoire ou plutôt la mâchoire d'hippopotame que

PEINTURE DANS UNE

NE PRÈS HERMON

je lui ai empruntée, a été très admirée. Ces curieux ossements trouvés à Ditsueneng, annexe de l'église d'Hermon, témoignent que la rivière Calédon, qui nous semble maintenant si bourgeoise, a eu un

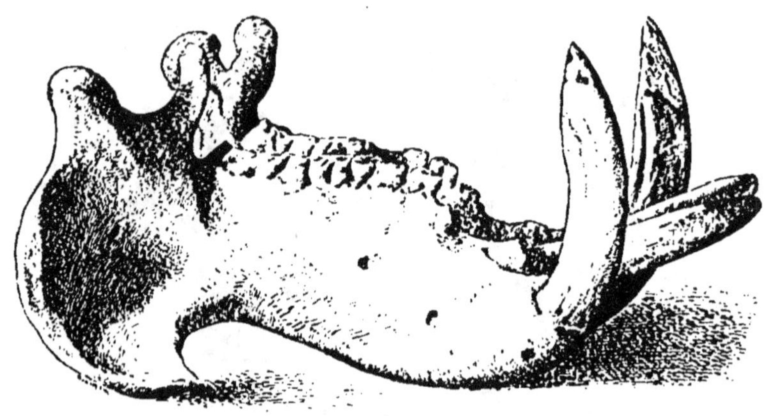

MACHOIRE D'HIPPOPOTAME

temps héroïque où les hippopotames se jouaient sur ses bords sans crainte du qu'en-dira-t-on.

Enfin, les amis qui m'ont fourni des fragments de bois ou d'os pétrifiés ont aussi droit à une fraction de ladite médaille, tout comme M. Kohler qui m'a procuré un crâne humain trouvé dans la caverne des cannibales, près de la station de Cana,

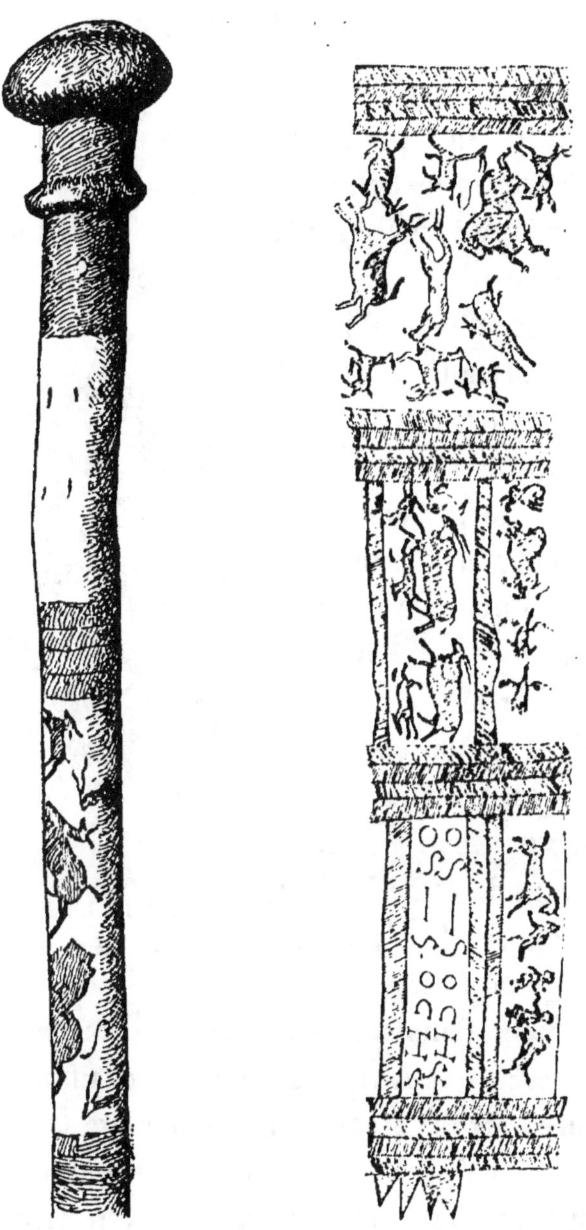

CANNE AVEC DESSINS GRAVÉS PAR UN MOSSOUTO

crâne ayant des traces de brûlures et de coups
portés avec un instrument tranchant.

Les jolis ouvrages en perles faits par les Fingous
habitant ce pays méritent aussi une mention spéciale. Vous pouvez en juger
par le portrait ci-contre
fait d'après nature.

Voyez qu'en payant mes
dettes, il ne me reste pas
grand'chose de cette mé-
daille..., à peine le revers !

Mais mon but, en vous
parlant de tout ceci, est de
vous faire remarquer com-
bien l'esprit humain a subi,
sans le vouloir, l'influence
de l'Évangile et de l'esprit
missionnaire. Il n'y a pas
longtemps que les savants

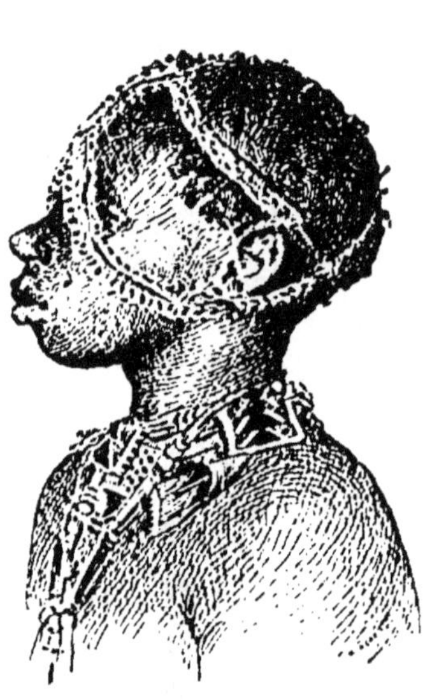

JEUNE FILLE FINGOUE
Avec ses ornements de danse.

ne voyaient dans les Bushmen, Hottentots, Bé-
chuana et autres Africains, que « le chaînon inter-
médiaire entre la créature intelligente et la brute ».

Combien de gens répétaient très sérieusement
le mot ironique de Montesquieu: « On ne peut se

mettre dans l'esprit que Dieu, qui est très sage, ait mis une âme, surtout une âme bonne, dans un corps tout noir ! »

MOULIN HOTTENTOT

Aujourd'hui, les musées d'ethnographie recueillent soigneusement les objets provenant de n'importe quelle peuplade africaine, et il n'est pas un d'eux qui ne serait fier de pouvoir montrer dans ses collections tout ou partie d'une de ces peintures de Bushmen, dont je viens de vous parler.

Ce n'est pas tout : la science, autrefois si dédaigneuse à l'égard des Noirs, écrit, par la plume d'un des savants les plus autorisés de notre époque[1] : « Tous les hommes appartiennent à une seule et même espèce et possèdent une nature fondamentalement identique. »

Justement comme l'apôtre Paul, qui disait, il y a fort longtemps (Actes XVII, 26) : « C'est Dieu qui a fait naitre d'un seul sang toutes les nations, et les a fait habiter sur la surface de la terre. »

---

1. M. A. de Quatrefages, dans son livre intitulé : *Introduction à l'étude des races humaines.*

De l'esprit des Bassoutos

On a fait des livres sur l'esprit de nos aïeux, sur l'esprit des Orientaux, des Latins, des Anglais, des Allemands, etc.; on pourrait aussi faire un chapitre sur celui des Bassoutos, et il risquerait d'être long, car ceux-ci ne sont pas sots, loin de là ! Les Bassoutos n'ont peut-être pas de l'esprit comme nous l'entendons; ils ne sauraient se livrer, par exemple, à la confection de calembours plus ou moins réussis, mais ils ont l'esprit ingénieux et du bons sens : aussi leurs observations et leurs reparties mériteraient souvent d'être citées.

Le sessouto prête au pittoresque ; on dira par exemple : « Les chemins sont secs », pour dire que personne n'y passe. La pointe d'un couteau s'appelle le nez. En sessouto, on est mangé par ses dents ou son pied, selon qu'on a mal aux dents, au pied, etc.

Un de mes amis était souvent fini par son nez ; autrement dit : il avait envie de priser. Parfois, il arrive que la lune et même le soleil se pourrissent, mais cela n'a heureusement lieu qu'en temps d'éclipse.

D'autres expressions témoignent d'une bonté évidente : un homme pauvre — *motho oa bathô* — c'est l'homme des hommes ; un vieillard — *monna moholo* — est un homme grand. Le voleur même devient « celui qui a faim ! »

En sessouto, les mots *mauvais* et *laid* sont synonymes, tandis que *beau* et *bon* le sont aussi, ce qui rentre tout à fait dans la doctrine de feu Platon ! *Ho falla* veut également dire émigrer et mourir, et chez les Romains, si je ne me trompe, il en était de même.

Quant aux noms et surnoms, vous savez que les Bassoutos sont très forts.

Les fillettes appelées *Moselantja* — queue de chien — sont nombreuses ; mais on rencontre facilement des noms tout aussi curieux. Une petite fille s'appellera : *Ntsehis'eng* — faites-moi rire ; une

UN CATÉCHISTE

autre *Ntadimeng* — regardez-moi ; tandis que leur petit frère répondra au nom peu aimable de *Ntloheleng* — laissez-moi tranquille — ou à celui de *Raboroko* — le père du sommeil, — que d'autres garçons peuvent également mériter.

D'autres noms seraient tout à fait dignes de professeurs de philosophie : *Mothokeng* — qu'est-ce que l'homme ? — *Motsuahole* — celui qui vient de loin, — *Tsuahodimo* — celui qui vient d'en haut, — *Lefeela* — rien du tout, etc.

Les Bassoutos ne se gênent nullement pour donner, aux Blancs comme aux Noirs, des surnoms qui ne sont pas toujours très flatteurs.

Un missionnaire sera nommé : *Pharatseretsé* — le gâche-plâtre, à cause de ses expériences dans le bâtiment ; tel autre que je connais bien devient : *Khirihla* — celui qui rugit ; tandis que son ami correspond au nom de *Moyatsohle* — celui qui mange de tout, une grande qualité aux yeux des natifs.

Une personne un peu vive sera nommée *Masetsokotsane* — la mère du Tourbillon : un maçon à la figure embroussaillée portait à son insu, cela va sans dire, le surnom de *Tau ea Khale* — le vieux lion...

Quand les parents auront perdu des enfants, ils donneront au nouveau-né un nom aussi peu gracieux que possible pour faire peur à la mort. C'est pour cela qu'il y a tant de « Moselantja » et de *Kokonyana* — insectes ; *Ntja* — chien ; il y a aussi des *Ntlo ea lefu* — maison de la mort ; des *'Male-fulebe* — la mère de la mauvaise mort !

J'ai été dans le temps présenté à *Ntebaleng* — oubliez-moi, et à M. *Nguana-Tsuene* — enfant de singe !

Par compensation sans doute, on peut rencontrer M. *Thébé ea pelo* — bouclier du cœur, ou encore Mmes *'Malehlohonolo* — la mère de la bénédiction, et *'Mamatsediso* — la mère de la consolation.

La mimique des indigènes est aussi fort expressive : fermer la main, lever l'index et le courber, veut dire qu'on a faim et qu'on est fatigué.

Un seul mot pourra aussi remplacer bien des explications : Comment vont tes enfants, demandais-je un jour au vieux Rantula, qui me répondait : « *Ba ntse ba phela ka itchou ! itchou !!* — Il vivent en disant itchou ! itchou ! » — c'est-à-dire sont souffrants et se plaignent.

Quelqu'un est-il triste, son cœur est *noir ;* quand

on est joyeux, le cœur est *blanc*, enfin le cœur jaloux est *jaune*. Une autre fois, quelqu'un donnait une explication courte, mais suffisante du mariage : « *Monna ke hloho, mosadi, ke molala* — l'homme c'est la tête, la femme est le cou ! »

Bien souvent nos chrétiens nous étonnent par leur originalité ; pour eux, Jésus est le *pelesa* — le bœuf de fardeau — qui porte nos péchés.

Il est non moins étrange d'entendre un de nos évangélistes s'écrier en pleine assemblée : « Que nous soyons de véritables chrétiens devant ton nez, Seigneur ! » Tel autre dira : « Écris ta parole sur les planches de nos cœurs avec de l'encre qui ne s'efface pas » ; ou bien exhortera l'auditoire à se mettre en prière « non avec les genoux du corps, mais avec ceux du cœur ! »

Il y a quelque temps qu'un de nos braves chrétiens, chef de village et porteur du nom peu imposant de « Raborikuana » (le père du petit pantalon), priait de tout son cœur pour demander de la pluie — c'était en temps de sécheresse —; après avoir parlé des champs en friche, des bestiaux souffrants, il ajoutait : « Et même les petits insectes de la terre sont stupéfaits ! »

UNE PLAINE DU LESSOUTO : « LES CHEMINS SONT SECS ! »

D'autres fois les remarques sont moins poéti-
ques ; ainsi une grande paresseuse de notre voisinage s'écriait un jour d'un air de martyr : « Si je

n'avais ni mains ni pieds, comme je pourrais être
tranquille sans qu'on y trouve à redire ! »

En revanche, notre ami le missionnaire Dieterlen disait un dimanche à la vieille Madichaba :
Comment as-tu pu venir à l'église, toi qui ne peux

pas marcher ? Elle mit la main sur son cœur et lui répondit : « Mes pieds sont là ! »

Les Bassoutos s'amusent aussi à faire des devinettes ; elles aident à passer un temps qu'on pourrait après tout plus mal employer :

— Deux princes qui n'arrivent jamais à se dépasser de deux pas ? — Les pieds.

— Des petits Bushmen qui mordent un homme, et celui-ci enfle ? — Des abeilles.

— Qui est-ce qui sort de la forêt pour se jeter dans un précipice ? — La rivière.

— Les pierres de mon père que lui seul peut compter ? — Les étoiles.

— Qui est-ce qui appelle tout le monde aux réunions et n'y va jamais ? — La cloche.

Les proverbes bassoutos témoignent aussi d'une intelligence qui observe et réfléchit : les missionnaires Dieterlen et Jacottet ont réuni des centaines de ceux-ci. En voici quelques-uns comme échantillons :

— Le soleil fait sortir le crocrodile de l'eau. (Chez nous, c'est la faim qui fait sortir le loup du bois)

— Le singe ne voit pas la bosse qu'il a sur le front.

— Il n'y a pas de cheval qui ne bronche.

— La mort est dans les plis de notre vêtement.

— Le messager n'a pas de faute.

— La sueur du chien ne fait que mouiller ses poils. (C'est-à-dire ne lui sert de rien.)

— Deux chiens viennent à bout d'un chacal. (L'union fait la force.)

— Le potier cuit sa nourriture dans un vieux pot cassé. (Pour nous, le cordonnier est le plus mal chaussé.)

— Le tombeau du bœuf, c'est l'homme.

Les contes sont aussi très nombreux et souvent très amusants. Un de nos Bassoutos instruits en a même réuni un certain nombre, qui ont été imprimés à Morija, en sessouto, cela va sans dire. Heureusement qu'un livre récemment paru en français[1] contient bon nombre de ces contes, ce qui me permet d'y faire un petit emprunt à votre intention.

« Jadis, il y eut une grande disette d'eau. Après bien des recherches, les animaux des champs trouvèrent une source qu'ils réussirent à creuser après beaucoup de peine.

« Comme le chacal n'avait pas voulu les aider

---

1. *Contes populaires des Bassoutos,* recueillis et traduits par E. Jacottet.

dans le travail, il fut décidé que celui-ci n'approcherait pas de la source, et le lapin fut chargé de monter la garde.

« QUI EST-CE QUI APPELLE TOUT LE MONDE AUX RÉUNIONS
ET N'Y VA JAMAIS ? »

« Le chacal ne tarda pas à arriver et salua très amicalement le lapin, puis tout tranquillement tira de son petit sac des rayons de miel, qu'il se mit à manger. Le lapin « par l'odeur alléché, lui tint à peu « près ce langage » : Donne-m'en un peu ? Le chacal qui n'était pas bête lui en donna un peu, mais si peu, que le lapin mis en goût lui en demanda davantage. Le chacal lui dit alors : Je t'en donnerai encore volontiers, mon ami, si tu veux bien me permettre de t'attacher un peu les pattes. Le lapin, qui n'avait vraiment aucune idée du sentiment du devoir, se laissa faire, et vous devinez que le chacal alla boire à la source autant qu'il voulut.

« Vers le soir, les animaux revinrent et ne ménagèrent pas les gronderies au lapin gourmand.

« Le lièvre fut chargé de veiller sur la source le lendemain, et se conduisit exactement comme le lapin, son cousin.

« La tortue fut placée en sentinelle le jour suivant et agit tout différemment. Elle ne répondit rien aux amabilités ni aux menaces du chacal; rien ne put l'ébranler, pas plus le miel que les coups de pied. »

La fidélité... Voilà ce qu'il faut aux chrétiens, noirs ou blancs; savoir résister aux flatteries, aux moqueries, comme aux menaces ; rester fidèle à la devise que l'éminent homme d'État et écrivain Jules Simon traçait récemment d'une main mourante :

Dieu, Patrie, Liberté.

Un livre pour cinq Étudiants

Vous vous demandez probablement ce que peuvent bien faire les cinq personnages du dessin ci-après, étendus à terre d'une manière si peu gracieuse. Je vais tout de suite vous tirer d'embarras.

Eh bien, ces cinq messieurs étudient un cantique favori, mais comme il n'y en a qu'un qui a le privilège de posséder un livre de cantiques, ils se sont installés de manière que chacun puisse en avoir sa part.

Si vous pouviez vous asseoir près deux, au lieu de ne voir que leur portrait en pied, vous entendriez qu'ils étudient sérieusement, chantant seulement les notes jusqu'à ce que l'air leur soit connu.

Mais vous pourriez plus facilement être fatigués de les entendre qu'eux de chanter. C'est pour eux un délice presque égal à un bon plat de viande grillée...

Je me souviens d'un jeune garçon qui disait, en entendant un air de cantique qui lui plaisait : « Il y a de la graisse de viande dedans ! »

Rien ne dépasse un tel éloge, pour un Mossouto, bien entendu.

Les livres de cantiques avec musique coûtent 7 fr. 50 c. ; c'est un peu cher et c'est là une somme difficile à trouver pour nos chrétiens ; aussi ceux qui peuvent se procurer ce livre tant désiré, trouvent-ils très facilement des amis qui se joignent à eux pour étudier les cantiques, même les plus difficiles.

Vous seriez très certainement bien étonnés de voir comment nos braves Bassoutos arrivent à apprendre ces cantiques; plusieurs sont, je suis sûr, sur les airs de vos cantiques préférés. Vous pouvez en juger par les exemples suivants, dont les paroles sont presque traduites mot pour mot du français :

Thlong, re éeng, a re éeng ka monyaka...
(Avançons-nous joyeux, toujours joyeux...)

UN LIVRE DE CANTIQUES POUR CINQ CHANTEURS

O Molimo oa ka, Molimo oa topollo.
(Que ne puis-je, ô mon Dieu, Dieu de ma déli-
vrance !)
Ke mang, ke mang monyako, ea kokotang hakâlo ?
(On frappe, on frappe, entends-tu ?)

Le désir de chanter est si grand chez les Bassoutos que, quelquefois, ils ne pensent plus qu'à
l'air et ne s'inquiètent plus des paroles.

Ainsi parfois dans une fête où ne devaient retentir
que des chants d'actions de grâces, on peut entendre entonner un cantique d'ordre tout différent
dont voici le refrain :

Yo'na ! yo'na ! Ke tsatsi la bohloko !

c'est-à-dire :

Hélas ! hélas ! c'est le jour de douleur !

Il y a quelque temps, les enfants d'une école
commençaient la journée par le cantique qui dé-
bute ainsi :

Ho uéna re tlisa dillo tsa rôna, molisa e moholo oa
dinku ..
(A toi, grand Berger, nous apportons nos larmes.)

Ne croyez pas qu'ils y mettaient de la malice, vous vous tromperiez fort. Pour eux, chanter, c'est louer, et ils mettent à la lettre le précepte de saint Jacques en pratique : quand ils sont joyeux, ils chantent des cantiques.

C'est ainsi qu'il n'y a pas très longtemps, un missionnaire, de retour d'un voyage, était reçu par les membres petits et grands de son église aux sons de ce cantique d'appel :

Nguana lehlasoa, tlo hae, tlo, phakisa.
(Enfant prodigue, viens à la maison, viens vite.)

Tout cela nous donne une petite leçon : c'est que, quand nous chantons des cantiques, nous devons le faire non seulement de tout notre cœur, mais aussi avec notre intelligence.

Le Wagon du Sud de l'Afrique

Il y a certaines choses dont la seule vue nous transporte dans les pays qu'elles rappellent. Ainsi un dessin représentant une pyramide nous indique l'Égypte. Celui d'une gondole nous porte à Venise, devant la place Saint-Marc. Un bec de gaz ou un simple fiacre nous fait penser à Paris ou à quelque autre capitale du monde civilisé. Un wagon traîné par des bœufs indique l'Afrique du Sud ; aucun de vous, j'en suis certain, ne s'y tromperait.

C'est de ce véhicule que je voudrais aujourd'hui vous dire quelques mots.

De tous ceux qui courent sur la surface du globe, il est certainement un des plus pittoresques. L'origine du wagon à bœufs ressemble à celle de la pêche à la ligne : elle se perd dans la nuit des temps, car dans le livre des Nombres (chapitre VII), il est déjà question de chars à bœufs.

On dit que ce sont des Hollandais qui, les premiers, ont commencé à s'en servir dans ce pays ; d'autres disent que ce sont nos pères, les réfugiés français, qui auraient eu l'idée de construire un tel monument et d'y atteler des bœufs...

Nous laisserons la question en plan et continuerons en ajoutant que ledit wagon ne peut pas remonter plus haut que trois cents ans, c'est-à-dire à l'arrivée des Européens au Sud de l'Afrique.

Ce chariot africain est long de trois ou quatre mètres et plus, sans ressort, cela va sans dire, attelé de douze ou quatorze et même parfois dix-huit bœufs, et est toujours conduit par deux hommes, dont l'un appelé *leader* en anglais, c'est-à-dire conducteur, dirige avec une lanière la première paire de bœufs, tandis que l'autre, armé d'un immense fouet, est le *driver* ou cocher.

Il sert au transport de voyageurs et marchandises dans tout le Sud africain. Le prix moyen d'un wagon est d'environ 2,500 fr., plus les bœufs qui reviennent à 120 ou 140 fr. chaque, de sorte que vous pouvez voir que c'est un véhicule assez cher.

WAGON EMBOURBÉ

On le fabrique dans la colonie du Cap, mais Lovedale, la grande école industrielle de la mission écossaise, en met particulièrement chaque année un bon nombre en circulation. C'est à peu près le seul moyen de locomotion en usage parmi les missionnaires du Lessouto.

Il est bien pour eux, suivant une expression de M. E. Casalis [1], « ce que le navire est pour le marin », ou une carapace pour la tortue, si vous préférez cette comparaison.

Que d'anecdotes on pourrait relever au sujet du *koloï !* comme le nomment les Bassoutos ; ses amis et ses ennemis en auraient à dire de tous genres.

Le grand voyageur D. Livingstone trouve que c'est une très agréable manière de voyager [2] (chacun son goût !). Il ajoute même qu' « un voyage en wagon devient une longue série de pique-niques » ! Cela prouve en faveur de son caractère ; quant à moi, je le dis tout uniment, le plus petit tramway ferait bien mieux mon affaire !

Le wagon a, dans notre mission, pas mal d'his-

---

1. Dans son beau livre : *Mes Souvenirs.*
2. *Voyage dans l'intérieur de l'Afrique australe.*

COMMENT ON DÉGAGE UN WAGON EMBOURBÉ

FAMILLE MISSIONNAIRE EN VOYAGE

toires d'accidents dont il n'est peut-être pas seul coupable. Cela tient d'abord aux abominables routes du pays, qui font penser à celles de la Palestine, qu'on n'a pas réparées depuis les Romains ! Puis aussi à la manière dont on traverse les rivières — à gué — en cherchant à vue de nez si elles sont guéables ou non. Avant-hier j'ai eu à célébrer le mariage d'une certaine Alicia Melato dont le père a été noyé il y a plusieurs années, alors qu'il essayait de sauver un wagon de la mission emporté par le Calédon à l'endroit où se trouve maintenant un pont près d'ici. Vers le même temps, Mme H.-M. Dyke avait le bras cassé alors que son wagon versait en traversant un simple ruisseau.

Les amis Preen ont failli, près Béthesda, avoir un grave accident, leur wagon ayant versé alors qu'ils transportaient la presse à Morija, etc., etc.

Le wagon a cependant de beaux côtés; la preuve en est : ces rois mérovingiens qui, paraît-il, en jouissaient beaucoup.

> Quatre bœufs attelés, d'un pas tranquille et lent,
> Promenaient dans Paris le monarque indolent.

Il est vrai qu'en revanche l'histoire, peu aimable,

les qualifie de « rois fainéants ». Le temps a pour nous plus de valeur que pour ces messieurs-là, et faire quatorze lieues et même quinze en quinze jours ne nous va guère.

WAGON TRAVERSANT UNE RIVIÈRE.

Parfois on peut, en route, jouir d'un beau jour ou d'un clair de lune ; on peut encore aller à pied en avant de la maison ambulante et la devancer à l'étape, ce qui est encore, à mon avis, la meilleure manière de jouir de cette pesante machine.

« Qui veut voyager loin ménage sa monture », dit le proverbe ; par conséquent, en voyageant il faut toutes les quatre heures environ dételer les bœufs, les mener paître... et ne jamais perdre de vue que « patience et longueur de temps font plus que force ni que rage ».

Ne craignez pas la monotonie du voyage : des incidents viendront vite et souvent la rompre. C'est une longe qui casse ou une clef de joug, et le bœuf, sans doute pour vous donner une leçon de patience aussi laïque que gratuite, fera mille difficultés pour rentrer sous le joug.

D'autres fois les bœufs auront, d'un commun accord, l'idée de s'arrêter en pleine rivière, et ce n'est qu'après maints encouragements, mélangés de coups de fouet, qu'ils se décideront à repartir. D'autres fois, et cela n'est pas plus récréant, le wagon des bagages s'embourbera d'une manière désespérante, vous laissant pour seule ressource d'avoir à décharger le véhicule en pataugeant d'étrange façon.

Ce brave wagon, je ne veux pas en dire du mal, il nous sert plus que je ne puis dire pour travaux de construction, transport de matériaux, voyages, etc. Il nous cahote aussi comme il serait difficile de l'être ailleurs, tout en nous donnant l'air de Bohémiens en tournée. J'ai souvent pensé à ces grandes voitures de déménagement en usage à Pa-

WAGON DE MARCHANDISES

ris sur lesquelles on voit peint en gros caractères :
« Je suis capitonné. » Ces véhicules-là ne sont pas
du tout pittoresques, mais comme on doit y être
bien !... C'est ici le cas de se rappeler « que quand
on n'a pas ce que l'on aime, il faut aimer ce que
l'on a ».

Du reste, notre « roulotte » nous tient lieu —
dans un pays où il n'y a pas d'hôtel — de chambre
à coucher, de salle à manger, de cabinet de toilette,
etc... Quant à la cuisine, elle se fait en plein air
s'il ne pleut pas... Là, je vous entends m'arrêter
pour me demander comment on fait quand il pleut.

DANS LES CHAMPS

Eh bien ! on fait comme à Paris : on laisse pleuvoir,
tout en mangeant à l'abri son pain sec, ou bien on
essaye de cuisiner sous le wagon.

Si l'on rencontre le wagon à bœufs au Zambèze et aux mines d'or de Johannesburg, au Lessouto et à la ville du Cap, il ne règne plus sans conteste comme il y a vingt ans. On ne va plus, comme devaient le faire les anciens missionnaires, au bord de la mer en wagon. Le chemin de fer arrive à Aliwal depuis quelques années, et à Bloemfontein depuis quelques mois, c'est-à-dire à quatre ou cinq jours du Lessouto. Les voitures aussi se multiplient. Il n'est pas rare même de voir un Mossouto possédant un *cart,* sorte de cabriolet.

La poste, chaque semaine, arrive d'Aliwal au Lessouto en voiture, et avis : on accepte des voyageurs.

Mais, rassurez-vous, le wagon à bœufs ne disparaîtra pas de sitôt, au moins dans notre Lessouto, pays montagneux, où ne coulent ni le lait, ni le miel, et où l'on n'a pas encore heureusement trouvé de mines d'or.

Aussi, pour longtemps encore, les détails que je vous donne seront d'actualité et peuvent servir à vous rapprocher de nous et vous aider par la pensée à voyager avec vos missionnaires.

Incident de voyage

Peut-être n'avez-vous pas encore pensé à vous demander comment on voyage dans ce pays. Vous connaissez tous, de réputation, le wagon traîné par des bœufs, mais un missionnaire n'attelle son wagon que quand il fait un voyage avec sa famille ou quand il a des travaux à faire ou des provisions à chercher; mais quand il voyage seul, que fait-il?

Sans doute, dites-vous, il va à pied; mais au Lessouto cela n'est guère faisable, souvent. Alors, vous pensez peut-être qu'il y a des omnibus, ou des voitures à chiens comme en Belgique, ou encore des ânes minuscules comme à Marseille, traînant une petite voiture avec deux ou trois grosses personnes dedans... Pas seulement cela.

Mais je ne vais pas attendre que vous donniez votre langue au chat, et je vais vous le dire: on va à cheval. Vous trouvez sans doute cela très beau et très amusant, aussi écoutez ce qui est arrivé il y a quelques semaines à l'un de vos amis et vous verrez si vraiment cela est si glorieux.

Je partis de la maison pour aller visiter une annexe de mon église, située à environ deux heures à cheval.

Le temps était beau, pas un nuage au ciel; vers midi, par contre, la chaleur était suffocante. Le temps ne tarda pas à se couvrir, et au moment où j'allais repartir, ayant terminé mes affaires, la pluie commença à tomber avec violence. Je dus au plus vite chercher un abri dans une hutte indigène où j'eus tout le temps de me livrer à la méditation, car ce n'est qu'une bonne heure après que nous pûmes mettre le nez dehors. Je remontais à cheval et, l'un portant l'autre, tout doucement, car le terrain était très glissant, nous prîmes le chemin de la maison. *Nous* c'est *Paris* et moi.

Après trois heures peut-être de marche, nous arrivâmes enfin à la rivière qui est près de la station. Mais là autre histoire: la rivière était pleine; il avait beaucoup plu du côté des montagnes d'où

TRAVERSÉE D'UNE RIVIÈRE

elle descend, et elle était devenue un vrai torrent ; comme il n'y a au Lessouto guère plus de bateaux que d'omnibus, cela devenait fort embarrassant.

Paris, mon brave vieux cheval, est un peu peureux ; avec cela il a une forte dose de paresse ; puis son cavalier n'était pas trop rassuré. J'esseyai de le faire entrer dans la rivière sans le faire avancer d'un pas ; pensant avoir plus de succès, j'ôte mes chaussures et j'entre moi-même dans l'eau, mais mon coursier n'est nullement touché de mon zèle. Son idée fixe est de ne pas m'encourager dans cette voie, qui probablement lui paraît un peu trop humide. Je commence à croire qu'il faudra passer la nuit dans un village proche la rivière. Cela réjouit peu le papa, la station est si près ! Déjà nous prenions une direction rétrograde, quand j'entends des voix, et vois deux hommes venir en courant vers moi. L'un deux m'est bien connu, c'est mon ami Cosetabole, qui fait de si jolies cuillers en bois. Il m'avait vu du haut de la montagne, sur le penchant de laquelle son village est situé, et était venu avec un de ses amis pour m'aider. Tout essoufflé, presque sans me parler, il saisit la bride de mon cheval et entre résolument dans l'eau, pendant que son camarade encourageait ma bête du geste et de la voix.

Une fois de l'autre côté, Cosetabole me laisse à peine le temps de dire : *Kayeno ke bone motsualle oa ka !* (aujourd'hui, j'ai vu mon ami !) que déjà il était à traverser le torrent pour son propre compte.

Vous voyez, chers amis, voilà un ennui comme il peut en arriver chaque jour; vous voyez aussi que, s'il n'y a ni ponts ni bateaux, il y a encore de braves garçons au Lessouto.

La vie missionnaire

Hermon, 24 janvier.

Il vous sera peut-être agréable que je vous donne quelques détails sur notre vie dans ce pays, car vous vous doutez bien qu'elle diffère quelque peu de la vôtre.

D'abord, puisque nous sommes entre nous, je vous avouerai tout bonnement que certaines choses m'ont désagréablement surpris à mon arrivée au Lessouto.

Mon étonnement a eu le temps de se calmer après quatorze ans de séjour, mais il m'en a coûté d'apprendre par expérience que le cheval constitue ici la manière ordinaire de voyager. J'aurais volontiers dit comme l'autre : « Ce n'est pas tout de monter en grade, il faut encore monter à cheval ! » Je ne veux pas médire de cette « noble conquête » tant vantée par Buffon ; mais combien de fois, en faisant de longues courses pour visiter mes annexes, n'ai-je pas pensé aux omnibus de ma ville natale ! Vous qui en usez, avec ou sans correspondance, vous ne connaissez pas votre bonheur ! Qui aurait imaginé que, pour être missionnaire, il fallait être presque aussi bon cavalier qu'un cuirassier, et cela dans des chemins qui effraieraient certainement les élégants cavaliers du bois de Boulogne ?

Les missionnaires doivent être jardiniers, encore une chose que j'ignorais. C'est une vaste erreur de croire qu'il y a partout des fruitiers et des maraîchers.

Il faut semer soi-même des choux, des carottes, des tomates, des salades, etc., si l'on tient à en avoir. Quant à moi, j'aime toujours beaucoup les légumes, mais après tant d'années de vie africaine, je ne me sens pas plus de vocation pour les cultiver que par le passé.

Nous sommes aussi nos boulangers, nos laitiers, blanchisseurs, et, de temps à autres nos bouchers, charcutiers, etc.

Les missionnaires doivent être aussi un peu

docteurs ; si la Faculté de médecine n'est pas contente, elle n'a qu'à venir me... donner des conseils.

MAISON MISSIONNAIRE A HERMON

J'ai là, sur ma table, tout un bataillon de bouteilles de diverses dimensions et contenant de l'ipéca, de l'alun, du sel anglais, du bromure de potassium, du laudanum, du sulfate de zinc et autres drogues que, à mon humble avis, il y a beaucoup plus de bonheur à donner qu'à recevoir. Il est rare de voir à Paris ou même à Genève un pasteur protestant arracher des dents à un de ses paroissiens souffrant ! Ici, cela se fait presque journellement sans étonner personne. Je me tiens même à votre disposition pour vous rendre ce service ; je puis dire en toute franchise que je les arrache sans douleur (pour moi, bien entendu !).

Il faut faire un peu tous les métiers : vacciner, menuiser, faire le vitrier, le peintre en bâtiment, blanchir des chambres à la chaux, etc. ; j'ai dû même un jour faire le métier de fossoyeur, pour lequel je me sens peu de vocation.

C'était lors d'une épidémie de petite vérole ; un pauvre Tembouki était mort dans les montagnes des alentours de la station de Béthesda que nous habitions alors. Le chef Makhube me demanda ce qu'il fallait faire. Les gens effrayés n'osaient plus passer par le sentier qui conduisait à un col assez fréquenté.

Naturellement je conseillais de procéder au plus tôt à l'ensevelissement, mais le chef ne put décider personne à m'accompagner ; à peine un de ses fils consentit-il à me servir de guide jusqu'à une cer-

MISSIONNAIRE EN VOYAGE

taine distance... Les heures que je passais à faire le fossoyeur sont encore présentes à mon esprit.

L'étude de la langue sessouto n'a pas été une des moindres difficultés que nous ayons rencontrées. Que de temps il nous a fallu pour arriver à saisir les préfixes : *sefate,* arbre ; *difate,* des arbres ; *motho,* homme ; *batho,* des hommes, etc. !

Les claquements de langue de certains mots nous ont aussi donné pas mal de peine, mais pour apprendre à compter, quelle histoire ! J'ai bien mis deux ans avant de pouvoir dire quatre-vingt-dix-neuf sans me tromper : *Mashume a robileng mono o le mong a metso o robileng mono o le mong !* (Dix dizaines dont il manque une dizaine, plus une dizaine dont il manque une unité.)

Grâce aux moyens de transport devenus si faciles, le pays a fait de grands progrès sous le rapport de la civilisation et du confort.

Néanmoins, les indigènes viennent encore à nous, comme aux premiers temps de la mission, un peu pour tout et même aussi pour rien.

L'un vient parler de son âme ou de rêves qui le troublent, tandis qu'un autre arrive avec de longues affaires de famille. D'autres viennent acheter

BERGER SE RENDANT A L'ÉCOLE DU SOIR
A CHEVAL SUR UN VEAU

une bible, un livre de cantiques ou un ouvrage
d'école, dont chaque station a un dépôt se rattachant à celui de Morija, ou bien demandent une
feuille de papier à lettre et une *enfolopo,* ou encore
apportent leurs lettres pour la poste — car nous
sommes de plus un peu des employés de la poste,
pour les indigènes.

Tel autre arrive demander l'explication d'un
verset de la Bible, tandis qu'un cavalier accourt
pour savoir le quantième du mois : il y a une dis-
pute dans son village à ce sujet...

Parfois un paroissien embarrassé veut m'emprunter de l'argent, mais bien inutilement, car la
différence entre missionnaire et millionnaire est si
grande !

Ranyeo, le père d'un tel, vient emprunter l'é-
chelle, ou une forme à briques, ou une scie ; ou
bien encore, c'est un de ses amis qui désire vive-
ment me vendre son avoine qu'il ne sait où garder ; tandis que des enfants envoyés par leurs parents nous apportent des œufs à vendre ou une
pastèque, ou des épis de maïs, en échange d'un
peu de sel.

Puis il faut aller voir un malade, envoyer un

peu de soupe ou de thé à certaine pauvre vieille,
visiter tel paroissien qu'on ne voit plus à l'église.

On doit aussi visiter fréquemment les annexes
soit pour diriger des constructions, ce qui n'est pas
récréatif, soit encore pour inspecter les écoles ou

L'ANNEXE DE DITSUENENG

visiter les congrégations qui s'y rattachent. Je ne
vous parle pas des deux services que chaque missionnaire a à tenir chaque dimanche, suivis quelquefois, comme c'est le cas à Hermon, d'une école
pour les bergers dans la soirée et où souvent ces
messieurs arrivaient à cheval... sur des veaux !

Dans la semaine il y a deux classes de catéchumènes, et, le mercredi, une réunion d'explications
bibliques.

Vous voyez que le missionnaire n'a pas beaucoup de temps pour étudier et pour entretenir sa
correspondance avec les parents et amis d'Europe,

DEVANT LA STATION A HERMON

car, outre cela, il faut s'occuper de l'évangélisation
des villages païens, avoir une fois par mois une
réunion avec les évangélistes et anciens d'église
pour s'entendre sur la marche de l'œuvre. Il y a
encore à présider des services de mariage ou d'en-
terrement, etc.

Mais ce n'est pas tout : le missionnaire doit

JEUNE FILLE D'HERMON AVEC SON TRICOT

aussi penser à ses enfants, ne pas trop négliger ceux-ci pour ceux-là, et ne pas perdre de vue ce que dit si bien un écrivain aimé, le pasteur O. Füncke[1] :

« Ces enfants ! mais ils sont la part de ce règne de Dieu que votre Dieu lui-même vous assigne avant tout et qu'Il vous met sur la conscience. »

La maman se charge le plus souvent de leur éducation, mais le papa doit aussi s'en occuper. Nos quatre aînés savent lire plus ou moins bien et un peu écrire ; mais vous n'imaginez pas combien de patience et de volonté il a fallu à l'institutrice pour obtenir ce résultat.

Outre le ménage, dans les soins duquel des filles bassoutos l'aident de leur mieux, le vêtement et l'éducation de son petit monde, la femme du missionnaire a encore d'autres tâches. Par exemple à Hermon, il y a, entre les deux cultes, une petite école du dimanche qu'elle dirige ; de plus, chaque mois, *Juffrouw*, mot hollandais qu'on prononce *Jefrau*, par lequel les Bassoutos désignent l'épouse du missionnaire, préside une réunion spéciale

---

1. *Aux parents*, traduction de A. Schroëder.

pour les mères de famille ; chaque jeudi, il y a aussi une leçon de tricot ; la couture étant dans nos pa-

ENFANT MISSIONNAIRE PORTÉ A LA MANIÈRE INDIGÈNE

rages d'usage général, n'a pas besoin d'être en-
seignée.

Ladite école, qui est fréquentée par une trentaine de jeunes filles et jeunes femmes, est très en-
courageante. On y fait en sessouto, bien entendu,
quelques bonnes lectures, on y apprend un cantique qu'on chante à l'occasion d'une fête d'église,
puis on y confectionne très joliment des brassières
et des chaussons de bébés, ainsi que des bas, des
bérets et des sacs à montres qui se vendent très
bien. Si petit que soit ce commencement, c'est
une branche nouvelle qui s'ajoute à l'industrie fé-
minine, encore peu développée dans ce pays.

Souvenir d'une course dans les montagnes

Bien que l'excursion que je vais vous raconter remonte à un certain temps, je me dis qu'elle peut vous intéresser. Du reste, les notes qui suivent sont encore très actuelles, car le pays a peu changé depuis ce temps-là.

Donc, un certain jour d'un mois d'octobre, nous sommes partis de Morija, station située à quatre heures d'ici à cheval — nous comptons les distances ainsi, comme au Congo on compte par « heure de pagaie » — pour nous rendre à la cascade de la Maletsunyane, découverte depuis peu et dont on disait merveille.

Seller les chevaux est vite fait ; ce qui prend le plus de temps, c'est de fixer les bâts sur les chevaux du naturel le plus calme et d'y installer le bagage et les provisions du corps expéditionnaire.

Une fois en route, pas n'est besoin de vous dire qu'on se sentait heureux de sortir du train-train journalier, avec la perspective d'avoir quelque chose de beau à visiter.

Au début, le chemin a été tout simplement affreux ; nous nous demandions avec une certaine inquiétude ce qu'il pourrait bien être plus loin.

Eh bien, nous nous tourmentions pour rien. Ce chemin ne rappelle sans doute que vaguement la belle route du Simplon, mais enfin, comme chemin de montagne, on peut voir plus mal, et par un temps sec il peut fort bien être recommandé aux personnes nerveuses comme à celles qui ne le sont pas. Nous avions fort heureusement un très beau temps, le ciel était *vert,* ce qui est la manière de dire bleu en sessouto.

A force de mettre un pied l'un devant l'autre nous arrivâmes dans une large vallée nommée Sétléketseng, où se trouve un hôtel, je veux dire une caverne dans laquelle nous nous installons pour passer la nuit. On prépara d'abord le repas du soir ; pendant que les uns allaient *cueillir* de

VUE DE MORIJA

l'eau, qu'en France on va seulement puiser, d'autres partaient à la recherche du combustible...

A la pointe du jour, nous chevauchions de nouveau, côtoyant de temps à autre des précipices capables de donner le vertige même à des chèvres, surtout aux abords de la Makhalaneng.

Nous passâmes le *lekhalo la machudu,* le col des Voleurs, où il n'y a pas de trace de ceux-ci, mais seulement quelques huttes de paisibles propriétaires et un splendide panorama. Le lendemain, le chasseur de notre bande eut une pénible émotion, car un troupeau d'antilopes apparut près de lui : Nemrod avait bien son fusil, mais, hélas ! la cartouchière était à l'arrière-garde !

Vers onze heures, nous atteignîmes enfin la Letsunyane. Sa mère, la *Ma*-Letsunyane, n'était plus très loin ; il reste encore une grande montée ; il faut aussi tourner Thaba-Patsoa, la montagne Grise, passer par le col de Noël, et là-bas, dans le fond, de l'autre côté d'un marécage, on aperçoit quelques huttes vers lesquelles nous nous rendons, après avoir traversé la susdite Maletsunyane.

Nous sommes chez le chef Motata, dont le village a piteuse mine. Mais la réception qui nous

y est faite lui donne vite pour nous un autre aspect ;
en effet on nous apporte un beau mouton, un pot
de *mafi,* lait caillé, un autre de *léting,* bière de
sorgho, et maintes bonnes paroles...

« EN ROUTE »

On doit vivre bien tranquille dans ce coin isolé,
et l'on doit d'autant mieux s'entendre avec ses
voisins qu'on n'en a pas...

Mais ce calme est bien trompeur, paraît-il, car
les chacals apportent la désolation parmi les poules

de Motata, et les hyènes et les léopards font la guerre à leurs chèvres, moutons et poulains !

Presque tout le monde nous accompagne à la cascade, ou du moins jusqu'à une grande déchirure de terrain que les indigènes nomment Diheleng, quelque chose comme *Enfer,* et qui est bien autrement grandiose que les abords du lac d'Averne, près Pouzzoles, où les poètes antiques plaçaient l'entrée des enfers, que je visitais il n'y a pas mal de temps.

Peu après nous étions devant la cascade, saisis d'admiration et tout prêts à répéter le vieux psaume :

> O Seigneur Dieu, que tes œuvres divers
> Sont merveilleux par le monde univers !
> Oh ! que tu as tout fait par grand'sagesse !
> Bref, la terre est pleine de ta largesse...

Cette cascade, l'une des plus belles qu'on puisse voir, est formée par la Maletsunyane, honnête rivière qui chemine paisiblement dans une vallée resserrée, jusqu'à un point où, fort étourdiment, elle se précipite d'une hauteur à pic de plus de 190 mètres, avec un bruit assourdissant, répercuté par tous les échos des alentours.

LA CASCADE DE LA MALETSUNYANE

Les montagnes du Lessouto, à l'entrée desquelles se trouve en quelque sorte notre cascade, forment vraiment une modeste petite Suisse, sans neige éternelle, bien entendu, ni lac, ni château de Chillon, ni même d'annonces de chocolat Suchard ou autres !

C'est là qu'on rencontre les plus hauts sommets de l'Afrique australe, dont l'un, le *mont aux Sources*, a été découvert par les missionnaires protestants français Arbousset et Daumas, en 1838. Ce grand district montagneux, qui n'est réellement bien connu que depuis ces dix dernières années, voit sa population s'accroître chaque année par des immigrations nombreuses, le Lessouto devenant trop étroit pour ses habitants.

Le climat y est beaucoup plus rigoureux que dans la plaine, et la civilisation n'y a pas encore beaucoup pénétré. C'est un des rares coins du monde où il n'y a encore ni magasins, ni marchands ! Il faut faire quatre à cinq jours de marche pour se procurer une boîte d'allumettes ou un couteau ; une planche ou une fenêtre doivent être portées à dos d'homme.

Néanmoins, c'est par centaines qu'on compte

UN VILLAGE DANS LES MONTAGNES

maintenant les petits villages éparpillés dans ce
« pays d'en haut » !

Depuis deux ans environ la conférence des missionnaires du Lessouto a placé deux pasteurs indigènes et quelques évangélistes pour s'occuper des
habitants de ces montagnes.

Déjà le zèle de ces pasteurs et évangélistes, qui
ont consenti à s'établir loin de parents et amis et
de toutes les petites facilités qu'on trouve dans le
centre du pays, a été récompensé, car ils ont déjà
réuni de petites congrégations qui ne demandent
qu'à grandir dans tous les sens et de toutes les manières.

Une visite

aux lépreux de l'île de Robben

PRÈS LA VILLE DU CAP

Hermon, juin.

Pour la première fois depuis onze ans que nous sommes au Lessouto, j'ai dû faire un voyage à la ville du Cap, afin d'accompagner mon fils ainé, qui devait partir pour la France avec un missionnaire que nous devions rencontrer dans cette ville avec sa famille.

Si ce voyage avait pour but une séparation douloureuse, il offrait aussi des sujets d'intérêt dont je veux vous parler.

Je passerai rapidement sur notre départ d'Hermon et sur les adieux dont le Sauveur connaît le poids, car, comme l'a dit un poète[1] :

> Il sait bien ce que cela pèse,
> Lui qui tomba sur ses genoux.

En deux jours nous arrivâmes à Bloemfontein, la capitale de l'État Libre de l'Orange, où nous fûmes reçus par un ami de notre mission, M. J. Scott, pasteur wesleyen, dont l'hospitalité est bien connue.

Bloemfontein, est une ville d'à peu près 3,000 habitants, qui n'a rien d'extraordinaire, mais qui, néanmoins, semble singulièrement jolie quand on est resté quelques années sans sortir du Lessouto.

Après avoir assisté au solennel service d'ouverture du synode de l'Église réformée hollandaise, où se trouvait beaucoup de monde, et aussi « Son Honneur » le *Staatspresident* et les membres du *Volksraad*, ou Parlement, nous avons soigneusement visité la ville, ce qui fut vite fait. Étant d'abord « montés si haut qu'on peut monter » sur une sorte de beffroi d'où l'on a une vue fort éten-

---

1. Victor Hugo.

due sur les plaines environnantes, nous sommes allés ensuite donner un coup d'œil au nouveau *Raadsaal,* ou Palais législatif, le plus beau bâtiment de tout l'État libre, avec colonnes de pierres en pur style ionique; on ne se refuse rien dans cette petite capitale !

BLOEMFONTEIN, CAPITALE DE L'ÉTAT LIBRE D'ORANGE

Mais c'est au Cap que nous allons et nous y allons en chemin de fer. Noël y voyage pour la première fois; aussi, ses multiples étonnements ne manquent pas d'originalité.

Le paysage que nous traversons n'offre pendant bien longtemps rien de très attrayant, c'est le départ du *Karroo* ou Karou dans toute sa gloire ; ce n'est que quand nous traversons les montagnes de l'Hex, dans le sud de la colonie du Cap, que nous avons enfin des sites ravissants ; on se croirait presque dans le Jura ; bientôt après, les pins, les palmiers, les bananiers nous transportent ailleurs, bien loin.

Mais après quarante-six heures de voyage, nous arrivons au bout de nos 1,200 kilomètres, c'est-à-dire à Capetown, la ville du Cap. Il était temps, nous commencions à en avoir assez de ce chef-d'œuvre de la civilisation ; il ne faut cependant pas trop s'en plaindre, car les anciens missionnaires ont mis, dans le temps, trois ou quatre mois et plus pour faire le même voyage en wagon à bœufs !

Vous pouvez vous figurer quelles mines avaient le papa et le fils ! Ils ne revenaient pas de Pontoise, mais de bien pis. Voir un blanc à Hermon est un événement et, du plus loin que les enfants l'aperçoivent, ils accourent tout excités nous l'annoncer ; aussi, nous trouver dans une grande ville était, vous en conviendrez, bien émotionnant. Ce fut bien

VUE DE LA VILLE DU CAP (D'APRÈS UNE PHOTOGRAPHIE)

autre chose plus tard, lorsque, après avoir fait connaissance des amis qui voulaient bien nous recevoir, nous pûmes faire un tour en ville. Qu'ont dû se dire les passants de voir un monsieur tout de noir habillé donnant la main à un jeune garçon en costume marin s'arrêter devant les affiches, les lire même ; regarder curieusement les tramways, les cabs, les vélocipèdes, les becs de gaz et admirer les devantures des magasins avec le ravissement de Charlemagne recevant les présents d'Haroun-al-

chid ? Nous avons fait de notre mieux pour ne pas être par trop démonstratifs, mais c'était difficile ; il fallait presque nous retenir pour ne pas poser à chaque passant les questions d'usage au Lessouto :

> U tsua kae ? U ea kae ?
> (D'où viens-tu ? où vas-tu ?)

La ville du Cap est très intéressante ; elle est d'abord magnifiquement située au pied de la montagne de la Table qui atteint près de 1,100 mètres de hauteur, puis elle a une population d'environ 50,000 âmes, composée, outre les Européens, d'Indous, de Malais, de Hottentots et des mem-

JEUNE FILLE HOTTENTOTE

bres de toutes les races nègres peuplant l'Afrique méridionale ; aussi, Adderly Street, le boulevard des Italiens de l'endroit, présente un spectacle des plus animés. En général, les rues sont bien tracées, ornées çà et là de très beaux arbres et de monuments d'aspect un peu trop archaïque.

. . . .

Mais j'ai hâte de vous mener à l'île de Robben ; c'était chez moi une idée fixe d'aller visiter cette île la première fois que j'aurais l'occasion d'aller à la ville du Cap ; ainsi donc, en route. Cependant, je ne vous cache pas que, d'un côté, je ne tenais guère à cette excursion ; car, c'est une chose connue, même à Paris, qu'il faut traverser l'eau pour arriver à une île... et cette eau c'est la mer, l'élément perfide !...

Vous avez la liberté, si cela vous fait le moindre plaisir, d'appeler la susdite île « l'île des Phoques » comme sur les cartes françaises ; cependant, je vous préviens qu'il n'y a pas plus de phoques que sur les bords du lac d'Enghien ; mais, par contre, les lapins y foisonnent.

L'île de Robben est située à une petite heure de

la ville du Cap et sert d'asile à de grandes misères :
des lépreux, des aliénés, des forçats...

Je me trouvais donc, un matin d'un jour du
mois dernier, installé sur le pont du petit vapeur
du Gouvernement qui, trois fois par semaine, fait
le service de l'ile. A bord se trouvaient d'assez nombreux voyageurs, puis des moutons, des légumes,
des caisses de conserves, etc., car l'ile ne ressemble pas mal à certains hôtels espagnols où l'on
ne trouve, paraît-t-il, que ce que l'on apporte. Le
voyage se fit aisément, le temps était superbe et je
restai correct ; je pus même avoir assez de sang-
froid pour admirer la baie de la Table et les ébats
des mouettes et pingouins qui croyaient devoir
égayer notre route. Bientôt après, l'ilot et son
phare se dressaient devant nous. Les arbres, comme
on dit, ne nous cachaient pas la forêt, car la végé-
tation y est fort rare.

Mais, autre histoire, le vapeur s'arrête à quelque distance du rivage et l'on doit descendre dans
une grande barque qui se dirige près de la terre,
qu'elle n'atteint pas non plus.

Là, ayant de l'eau jusqu'à mi-jambe, arrivent
des prisonniers pour chercher les visiteurs dans

des sortes de chaises ou simplement sur leur dos...

Une fois à terre, j'aurais voulu me multiplier pour tout voir.

Je dus d'abord me rendre au bureau du docteur en chef, un petit-fils de Mme S. Rolland, la veuve du missionnaire de l'ancienne station de Beerséba, où j'obtins facilement l'autorisation de visiter les léproseries. Celles-ci furent dirigées pendant de longues années par les missionnaires moraves qui s'en occupèrent avec zèle et amour jusqu'en 1868[1].

Quant aux établissements actuels, qui sont aérés et fort bien aménagés, ils font l'éloge du Gouvernement, qui les a fait construire ces dernières années; ils abritent 500 lépreux appartenant aux diverses races habitant l'Afrique du Sud.

J'avais déjà été bien remué, il y a plusieurs années, en voyant des lépreux en Palestine; mais le soleil d'Orient, qui étend son manteau d'or sur toutes les misères, en voile, pour ainsi dire, la crudité au regard des passants...

On peut rencontrer de grandes infortunes, mais

---

1. *Soixante-quinze années parmi les lépreux*, par Senft. 1894.

LE DÉBARQUEMENT A L'ILE DE ROBBEN (D'APRÈS UNE PHOTOGRAPHIE)

on n'en peut pas voir qui serrent le cœur plus fortement que celle de ces lépreux qui, séparés de leurs familles, n'ayant les uns plus de doigts pour essuyer leurs larmes, ou les autres plus d'yeux pour exprimer leur douleur, savent leur affreuse maladie en dehors de la science humaine !

C'est près du bâtiment des lépreux nègres que je m'arrêtai ; il me fallut assez de peine pour arriver à me faire comprendre des *amis* que je venais visiter. Il est si rare qu'un visiteur blanc leur parle sessouto qu'ils n'en croyaient pas leurs oreilles ; mais à peine eurent-ils saisi que je voulais voir les Bassoutos, que tous ceux qui entendaient plus ou moins bien cette langue se groupèrent autour de moi au nombre d'environ une trentaine au plus.

Leur joie de voir un *moruti oa Fora* — missionnaire français — faisait du bien à celui-ci qui avait craint un peu le mal de mer pour arriver jusqu'à eux.

Nous parlâmes un peu du pays, des récoltes, etc., puis nous chantâmes quelques cantiques, ce qui attira tous les hommes valides de la maison. Pendant que quelques-uns paraissaient émus de reconnaitre des airs connus, d'autres semblaient

UNE LÉPROSERIE (D'APRÈS UNE PHOTOGRAPHIE)

rêver en entendant leur cher sessouto. L'un d'eux me demanda de chanter le beau cantique de M. E. Casalis :

> Ha le mpotsa tsepo ea ka,
> Ke tla re, ke Yesu.

(Si vous me demandez mon espérance, je dirai que c'est Jésus.)

C'est bien cela, c'est Jésus qui seul fortifie, console et qui *seul* peut réjouir un lépreux !

Après avoir prié ensemble et après avoir promis de leur écrire, nous nous séparâmes aussi émus les uns que les autres.

Je me rendis ensuite vers le dépôt des condamnés et fus tout de suite admis à entrer dans la prison ; c'était justement l'heure du repas.

Pour me faire connaître, je m'annonçai encore en sessouto, et quelques Bassoutos me répondirent. La prison est aussi bien installée, elle ne me faisait pas positivement envie, mais cependant les chambres et les paillasses ont bonne façon. A peine ai-je pu prendre quelques petits croquis — assis sur des os de baleine ! — que déjà, vers 4 heures, il fallut prendre le chemin du retour.

UN COIN DU VILLAGE DE L'ILE DE ROBBEN

19 décembre.

Quelques mois après ma visite à l'île de Robben, je reçus une lettre que je tiens à vous envoyer à titre de curiosité, certain aussi qu'elle vous intéressera.

Du premier coup d'œil, vous pouvez voir qu'elle est fort loin d'être une page de calligraphie; elle est aussi agrémentée de taches d'encre et de mots biffés; de plus, on peut dire qu'à première vue elle semble indéchiffrable; on perd, non pas son latin à essayer de la lire, mais bien son sessouto.

Cependant, sans lunettes, mais avec un peu de patience, je suis arrivé à la comprendre, à part quelques mots; je ne vous dis pas cela pour m'enorgueillir et pour que vous disiez : « Quel habile homme ! » mais parce que l'on ne peut guère en recevoir de plus touchantes.

Je dois vous dire d'abord que c'est une lettre de faire part; une ligne maladroitement tracée autour de l'écriture est destinée à figurer le bord noir du papier de deuil.

En voici la traduction, aussi claire que faire se peut.

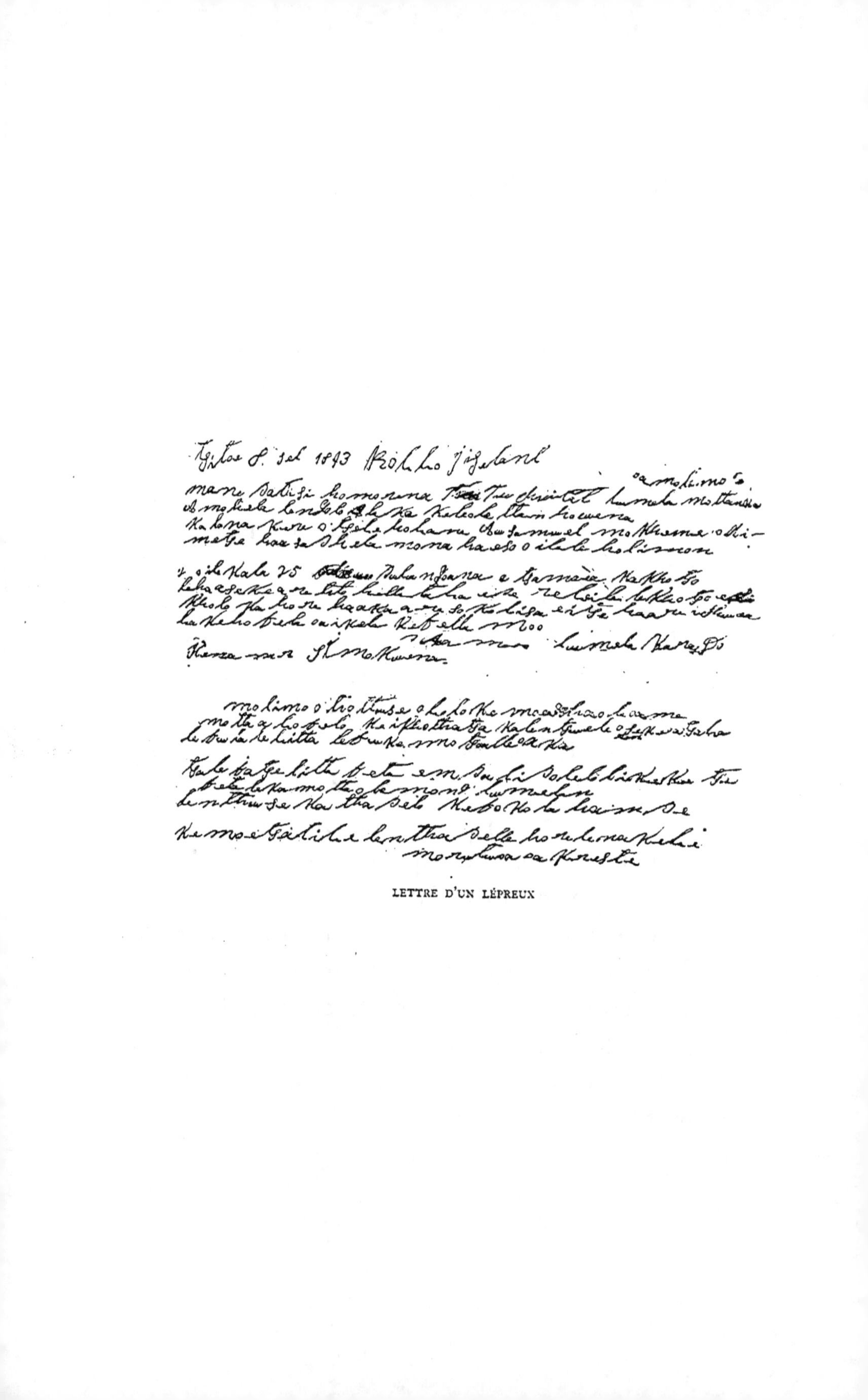

LETTRE D'UN LÉPREUX

Robben-Island, 8 décembre.

« Là-bas Patise (nom sessouto de la station
« d'Hermon) à M. Fred. Christol, salut serviteur
« de Dieu !

« Reçois ma lettre ; par elle je viens à toi pour
« te dire que Samuel Mokhémé est mort ; il n'est
« plus ici, il est parti pour le ciel. Il est mort le
« 25 novembre et s'en est allé en paix... en grande
« paix... Je m'arrête ici.

« C'est moi :

« M. S. MOKUENA. »

Puis en *post-scriptum :*

« Que Dieu t'aide et garde ton âme et la mienne
« au dernier jour ! Je m'exhorte par la parole qui
« dit : N'aie pas peur... aussi la mort c'est mon
« amie !

« La terre passera, mais *ses* paroles ne passeront
« point.

« Aide-moi de tes prières, je me sens faible et je
« suis un pécheur ; prie pour moi afin que moi
« aussi je sois un disciple de Christ. »

Ce Samuel Mokhémé, dont la mort m'est annoncée, était un de ceux que j'avais vus et auxquels j'écrivais de temps à autre. Quant à mon correspondant, S. Mokuéna, il m'écrit pour la première fois, mais sa lettre le fait vite connaître et aimer tout à la fois.

Dans cette « fin de siècle », où tant de gens veulent quelque chose de *mieux* que l'Évangile et ne trouvent qu'un accroissement de vices et de misères, un pauvre lépreux, d'un coin perdu du Sud de l'Afrique, exprime comme le seul vœu de son cœur et la seule aspiration de son âme : « Que je sois un disciple de Christ ! » Ce *lépreux* NÈGRE est certainement plus clairvoyant que les savants auxquels la science suffit et plus sage que les intelligents qui arrangent la vie à leur gré, car il a compris ce que dit si bien un de nos poètes dans un livre récent[1] :

Le monde passera, car il faut que tout meure,
La terre sous nos pieds, le ciel sur notre front;
Mais par delà la mort ta Parole demeure...

---

1. *Jésus,* par Jean Aicard.

UNE

Excursion au bord de la mer

Hermon, 23 février.

C'est d'une expédition d'un genre un peu nouveau que je veux vous entretenir aujourd'hui ; c'est, du moins, la première fois qu'il en est fait une de cette sorte du pays des Bassoutos.

Il y avait longtemps que je me disais qu'un voyage au bord de la mer pourrait faire beaucoup de bien aux évangélistes et instituteurs d'Hermon, en leur donnant une *leçon de choses* qui leur serait des plus utiles. Mon récent voyage à la ville du Cap avait renouvelé en eux le désir de réaliser enfin le susdit projet.

Aussi, afin de profiter de l'importante réduction que la Compagnie des chemins de fer de la colonie du Cap accorde, pendant les vacances, à ceux qui ont quelques attaches avec le monde scolaire, nous avons attelé le wagon à bœufs, un certain jeudi du mois de janvier, en plein été comme vous savez, et pris la direction d'East-London, le port de mer le plus voisin du Lessouto.

Les touristes, que je dois vous présenter, se composent de Phékou, Benoni, Ralabane et ses trois frères, Filipi, Wilhem et Mofana, puis A. Ntjélépa qui, depuis, est parti comme catéchiste pour la mission du Zambèze. En route, mes compagnons conduisent le wagon à tour de rôle avec un entrain tout à fait louable; mais Ntjélépa et Filipi sont spécialement chargés de faire le café trois fois par jour, en alternant avec du *bush tea* — thé des bois — qui a un fort goût de tisane et provient d'un arbuste de la colonie. Phékou doit penser à remplir d'eau le petit tonneau du wagon, tandis que Ralabane et moi nous allons « khapaneng », autrement dit, nous ramassons du combustible sur la route... Nous devons nous rendre d'abord à Aliwal, petite ville de la colonie du Cap et tête de ligne du chemin de fer; il s'agit de voyager sans lanterner afin d'arriver samedi soir.

LE PONT D'ALIWAL SUR LE FLEUVE D'ORANGE

Le bon La Fontaine aurait pu renouveler sa plainte : « Ce serait une belle chose de voyager s'il ne fallait pas se lever si matin ! » car, comme on dit, nous ne mettons pas deux pieds dans un soulier, nous partons à 2 ou 3 heures du matin et faisons de longues étapes.

Le samedi, de bonne heure, nous atteignons Rouxville dans l'État libre d'Orange. Ce village doit son nom au premier pasteur hollandais de ces parages, un descendant de huguenots français, comme l'indique son nom. Ledit Rouxville, qui n'offre pas beaucoup de sujets intéressants, est situé dans une plaine interminable et manque presque totalement de verdure, à part quelques portes peintes en vert, en manière de consolation sans doute.

De là à Aliwal, il n'y a que trois heures à cheval, soit environ huit heures avec notre lourd véhicule ; mais, comme nous sommes pressés, plusieurs contretemps viennent à la traverse et ce n'est que le dimanche matin que nous avons enfin pu passer le pont d'Aliwal sur l'Orange, et nous le passons gratuitement, ce qui est nouveau ; je me rappelle avoir eu à payer, il y a quelques années, la jolie

somme de 18 fr. 10 c. pour le franchir avec mon
wagon à bœufs !

FEMME INDIGÈNE DE LA COLONIE

Aliwal est une jolie petite ville cachée dans la
verdure, c'est aussi un chef-lieu de canton, qui,

malgré cela, ne compte pas plus de 800 âmes, en admettant, comme dit Jules Verne, une âme par habitant.

Le lundi, de bonne heure, nous nous acheminions, sous la conduite de l'aimable M. G. Butt, pasteur wesleyen, vers la gare du chemin de fer, l'esprit en repos, car il voulait bien prendre sous sa protection notre wagon et son attelage.

Mes compagnons n'étaient jamais allés en chemin de fer et se sentaient un peu émotionnés en prenant leur place. Cela est vraiment excusable : la locomotive, son sifflet et son panache de fumée rappellent si peu le wagon à bœufs qu'ils aiment tant !

Peu à peu, la confiance est venue, puis l'admiration se trahit bientôt par toutes les exclamations que le sessouto met à leur disposition.

A la station de Queenstown, où nous arrivons le soir, Mme E. Maeder, la veuve de notre collègue de Siloé et qui demeure dans cette jolie ville, vint nous saluer ; je l'avais informée de notre passage, sachant qu'elle aimerait voir des Bassoutos ; elle était suivie de deux indigènes nous apportant du thé et du café chauds, puis du pain, un peu de viande, quelques gâteaux même... un vrai festin de Balthazar qui a été accueilli avec appétit et reconnaissance. Le lendemain matin, le paysage aperçu par les vitres du compartiment était tout différent de celui de la veille : nous traversons de vraies forêts de mimosas, dans lesquelles surgissent çà et là des villages de Cafres[1], plutôt de Amaqosas, Fingous ou Temboukis, où nous voyons des hommes — et aussi des dames noires — avec de grandes pipes à la bouche...

Après vingt-quatre heures de trajet, que les voyageurs n'ont pas trouvées trop longues, nous avons fait, à 8 heures du matin, notre entrée dans la ville d'East-London. Les exclamations, que la longueur du voyage avait un peu calmées, ont recommencé de plus belle, mais sur un ton plus sourd, car les arrivants se sentaient très loin du Lessouto et très intimidés au milieu des nouveautés qui les entouraient.

Quant à moi, qui avais charge d'âmes, je jubilais beaucoup moins, car j'avais vainement cherché où

---

1. Cette expression de *Cafres*, par laquelle sont désignés les indigènes de l'Afrique du Sud, vient d'un mot arabe *Kafir*, infidèles, et s'applique à tous ceux qui ne sont pas musulmans. (E. Reclus, *l'Afrique méridionale*.)

je pourrais caser mon monde. Un employé de la
gare me signala un hôtel où l'on avait reçu des
indigènes. Pendant que mes voyageurs étaient en
extase devant la devanture d'un horloger-bijoutier,
je me dirigeai tout heureux vers cet hôtel.

Un beau monsieur en cravate blanche et en
« queue de morue » me reçut très poliment, mais
comprit mal ma demande. Il crut que j'arrivais
du Lessouto avec des poneys bassoutos, petits chevaux indigènes très appréciés dans la colonie, et
me souriait fort aimablement, ce qu'il cessa de
faire quand il sut de quoi il s'agissait...

Découragé, je me décidai à aller chez le pasteur
luthérien, M. H. Müller, pour lequel un collègue
avait bien voulu me donner une lettre d'introduction. M. Müller était en voyage, mais son fils et
une tante de celui-ci, voyant mon embarras, voulurent bien me donner un coin où mes compagnons purent tant bien que mal s'installer ; cela
valait toujours mieux que d'aller loger au village
indigène, fort éloigné et où les étrangers sont plu-
més autant que cela est possible. Après un bout
de toilette indispensable, nous allâmes faire un
tour en ville.

LA PLAGE DE SABLE A EAST-LONDON (D'APRÈS UNE PHOTOGRAPHIE)

East-London, un des ports de mer les plus dangereux de toute la côte australe, est de date récente ; sa population ne dépasse pas 10,000 habitants, mais la ville, qui gagne chaque année en importance, est très animée. La verdure y est rare, malgré des efforts louables faits pour la plantation d'arbres.

Les bâtiments du « Palais de justice » et de la poste, bâtis en ce style féodal qui rappelle certaines villas des environs de Chatou et Bougival, faisaient l'admiration de mes amis, tandis que les magasins et leurs enseignes les arrêtaient à chaque pas.

Nous avancions lentement dans notre promenade ; il fallait bien jeter un coup d'œil sur la scierie mécanique, nous arrêter devant une fabrique de glace ou d'eau gazeuse ; considérer quelques instants un réverbère ou un bicycle, aussi rares au Lessouto que les maisons à un ou deux étages, etc. Nous atteignîmes cependant les bords de la rivière Buffalo, près de la mer, et les questions de mes compagnons devinrent encore plus pressantes.

Les navires, le phare, les dragues et des machines de toutes sortes leur faisaient ouvrir non seulement les yeux, mais même aussi la bouche de stupéfaction !

Plusieurs fois ils s'écrièrent : « Les blancs font ce qu'ils veulent, il n'y a que la mort qui les arrête ! »

Une fois au bord de la mer, ils se turent un bon moment ; il y avait vraiment de l'émotion dans leur cœur devant l'immensité qui s'étendait devant eux.

Après avoir vu les vagues déferler sur la jetée en construction, ils s'approchèrent pour goûter l'eau et trouvèrent que vraiment elle était un peu salée comme on le leur avait dit ; ils voulurent s'y baigner, mais repoussèrent absolument toute idée d'aller faire une promenade en bateau.

Le jour suivant, nous nous dirigeâmes avec le jeune fils de M. Müller vers la *Plage de sable*. Les excursionnistes furent ravis de voir les vagues furieuses mourir sur le sable et stupéfaits d'en voir d'autres se briser contre les rochers ; mais leur amour pour le plancher des vaches s'augmenta sensiblement à la vue d'un navire échoué sur le sable, jeté à la côte quelques semaines auparavant.

Chacun remplit une bouteille d'eau de mer pour

faire goûter aux amis du Lessouto, puis, pour con-
server un souvenir de cette mémorable visite à la
mer, toute la bande se rendit chez un photographe
pour être tirée en portrait !

Le lendemain matin, nous prîmes le chemin du
retour ; je pourrais, si je ne craignais d'allonger
vos figures en allongeant ma prose, vous en donner
bien des détails, mais qu'il vous suffise de savoir
que, malgré des pluies persistantes, des rivières
plus ou moins guéables, des chemins défoncés,
nous rentrions dans nos pénates — heureux et
trempés — après douze jours d'absence.

Une Fête nationale

DANS L'ÉTAT LIBRE D'ORANGE

Hermon, 8 avril.

C'est à Wepener que je veux vous mener aujourd'hui ; vous n'avez pas à craindre la fatigue, car ce n'est pas loin d'ici : à peine une heure à cheval. Wepener est un petit village d'environ trois cents habitants, situé dans l'État libre d'Orange, avec lequel nous avons forcément de fréquents rapports.

Il y a grande fête en ce jour à Wepener : M. le président F. Reitz doit venir y passer l'inspection des Boers du district, et nous sommes invités à nous y rendre par notre excellent ami, M. G -R. Keet, pasteur de l'église hollandaise de l'endroit.

Ayant pu réussir à avoir des coursiers suffisants,

mes deux grands fils ont pu accompagner leur papa, au grand contentement des trois cavaliers.

Nous trouvâmes le village de Wepener tout transformé ; les cinq magasins étaient fermés, ainsi que le bureau de poste et le télégraphe ; il y avait des drapeaux çà et là, des lampions un peu partout et une foule que je puis presque qualifier d'énorme ; sans exagérer, on aurait pu se croire, avec de la bonne volonté, en pleine rue Cannebière, à Marseille, un jour de beau temps.

Au coin d'une rue, près le « Kantoor » ou mairie, se dressait un arc de triomphe qui n'avait pas mauvaise façon ; entre autres drapeaux qui le décoraient, j'ai été heureux d'en découvrir un français ; vous pensez si j'ai été fier de voir la France représentée à Wepener.

C'était à une certaine distance du village que devait avoir lieu la revue ; la ligne des voitures et wagons à bœufs s'étendait au loin dans la plaine et contenait une assistance nombreuse et pittoresque ; l'armée elle-même était composée de tous les Boers ou Burghers — les nationaux — valides des alentours, armés de fusils et à cheval.

Dans un groupe arrêté sur une petite éminence

WEPENER, ARC DE TRIOMPHE DRESSÉ POUR LE PRÉSIDENT DE L'ÉTAT LIBRE

se tenait le président, auquel j'ai eu l'avantage
d'être présenté par le « Landdrost » ou maire de
Wepener[1].

Moyela Letsié, chef de la plus grande partie de
mon district, était aussi présent avec un bon nombre de ses hommes; il était venu saluer le président, qui s'est entretenu un bon moment avec lui,
ce dont le chef était tout glorieux. Moyela portait
son beau costume doré sur toutes les coutures,
qui lui donne l'air d'un amiral péruvien !

Outre les six ou sept cents Boers, soldats d'un
jour, il y avait l'armée régulière venue de la capitale, qui se compose d'abord d'un capitaine en beau
costume lui aussi, avec un casque à pointe et un
grand sabre, puis encore d'une vingtaine d'artil-
leurs et de deux vraies pièces de canon... Il n'y a
pas à dire, une armée a bien meilleure tournure
avec un peu d'artillerie !

A un moment donné, les Boers se sont divisés
en deux bandes ennemies, qui ont fait la petite
guerre avec force galopades et coups de fusils, tirés

---

1. M. Reitz, qui a dû se retirer des affaires, a été remplacé dernièrement
par M. Steyn, qui comme son prédécesseur s'est montré fort aimable envers
nous et sympathique à notre œuvre missionnaire.

à poudre, bien entendu. Les canons semblaient
assez impartiaux, bornant, j'imagine, leur gloire à
dominer le tintamarre des guerroyeurs.

UNE BOERINE

Mais ne vous attendez pas, je vous prie, à ce que
je vous décrive en détail cette petite guerre, car
bien qu'ancien troupier, je ne suis pas fort du tout

sur la tactique militaire, et la stratégie me laisse froid. Ceux qui voudraient en savoir plus long là-dessus n'ont qu'à chercher dans le *Friend of the Free State*[1] ou dans *De Express*, les deux journaux anglo-boers publiés à Bloemfontein.

A la nuit tombante, les deux papas, M. Keet et moi, sortirent, suivis de leurs garçons, pour aller voir les « humiliations », comme disait une bonne alsacienne, que nous avions dans ma jeunesse, lorsqu'elle voulait parler des illuminations.

Il y eut une sorte de marche aux flambeaux à laquelle il ne manquait que la *Marseillaise* ou quelque chose pour la remplacer.

Vers 8 heures, le feu d'artifice commença avec accompagnement de cris d'enthousiasme et de frayeur.

Enfin un peu de musique se fit entendre, mais accompagnée d'une grosse caisse qui me parut bien grande pour un si petit pays ; puis, vers 10 heures et demie, « chacun s'en fut coucher ».

Ce n'est pas pour vous distraire, croyez-le bien, que je vous raconte tout ceci, mais bien plutôt pour

---

1. *L'Ami de l'État libre.*

intéresser vos cœurs à des frères et sœurs inconnus.

Les Boers du sud de l'Afrique descendent en partie des huguenots chassés de France lors de la révocation de l'édit de Nantes. Parmi ceux de l'État libre d'Orange [1], il arrive fréquemment de rencontrer des Dutoit, Leroux, Marais, Faure, de Villiers, Hugo, Malan, Duplessis, etc., ce qui nous vaut parfois de leur part une certaine sympathie à cause de notre double qualité de Français et de huguenot.

Les Boers sont, en général, fort attachés à leur Église, pour laquelle ils savent s'imposer de grands sacrifices ; celle-ci est sœur de la nôtre, puisqu'elle est l'Église réformée hollandaise.

L'État dit *Oranje Vrij Staat* compte, d'après le dernier recensement, 207,503 habitants, dont 77,716 blancs, parmi lesquels l'Église réformée a 68,940 membres.

Les Boers sont, pour la plupart, fermiers ; l'éle-

---

1. Notons en passant que ce nom d'Orange donné par les premiers colons à leur pays, pour honorer la maison princière de Hollande, vient lui-même de la principauté d'Orange, dans le département de Vaucluse, qui relevait de la maison d'Orange.

vage du bétail constitue leur grande richesse. Pensez! il y a près de six millions de moutons dans ce pays, dont on évalue la superficie à la cinquième partie de la France !

La civilisation fait des progrès dans cette petite république. Pendant longtemps les Boers ne voulaient pas de chemin de fer, le wagon à bœufs leur semblant la plus noble conquête de l'homme; aujourd'hui Bloemfontein, la capitale, est reliée à la colonie du Cap par une ligne de chemin de fer construite par une compagnie anglaise; et d'autres sont encore à l'étude, l'une entre autres qui rattacherait Wepener à Bloemfontein et pour laquelle, cela va sans dire, nous faisons les meilleurs vœux !

Ces dernières années, on a bâti des ponts; un qui vient d'être terminé près d'ici, sur le Calédon, coûte à l'État la jolie somme de 825,000 fr.

Les écoles sont nombreuses, bien installées et bien dirigées..., mais pour les enfants blancs seulement.

Le point faible, c'est de constater combien peu les Boers comprennent leur devoir vis-à-vis des indigènes, qui forment, après tout, la grande majorité de la population de l'État.

La plupart des pasteurs s'occupent avec zèle des noirs habitants des « locations », endroits où sont parqués les indigènes demeurant près des villes ;

ARMES DE L'ÉTAT LIBRE D'ORANGE

plusieurs de leurs paroissiens les secondent auprès des noirs établis sur leurs fermes, mais combien de Boers qui ne savent traiter ceux-ci que de « Schepsels », créature sans âme !

LES ABORDS DE L'ÉGLISE PROTESTANTE À PRÉTORIA UN JOUR DE COMMUNION

Les noirs ne jouissent d'aucun des privilèges des citoyens blancs, ne sont pas électeurs, ne peuvent pas posséder un lopin de terre, n'ont pas d'école, cependant ils paient de très nombreuses taxes et surtaxes.

La devise des Boers de l'État libre est : *Geduld en Moed* (patience et courage), mais eux, comme nous aussi du reste, ont besoin de se souvenir qu'il y a quelque chose de plus fort que ces deux vertus : c'est l'amour, l'amour immense et sublime qui, comme le dit quelque part Chateaubriand, « fait du chrétien de la Chine un ami du chrétien de la France » et, chose tout aussi étonnante, du nègre méprisé et dédaigné un frère du blanc instruit et honoré.

Un portrait

Vous pourriez chercher longtemps le nom du monsieur représenté ci-après avant de le trouver ; aussi, comme nous n'avons pas de temps à perdre, je vous dis tout de suite que le personnage placé sous vos yeux est M. Paul Krüger, de son état président du Transvaal, ou République Sud-Africaine, *Zuid Afrikaansche republiek*, où il est communément nommé *Oom Paul*, c'est-à-dire « l'oncle Paul ».

On raconte sur lui bien des histoires montrant une certaine naïveté mélangée de finesse et d'habileté, on fait aussi courir pas mal de cancans sur son compte... Ce que nous pouvons dire, c'est que dans sa jeunesse il était grand chasseur de gnous,

rhinocéros et autres bestioles du même genre,
qu'il vient d'atteindre sa soixante-quinzième année
et qu'enfin il est président dudit Transvaal depuis
quatorze ans passés.

Nous pouvons ajouter qu'il est aussi un fervent
« dopper ». Vous voilà, je suppose, tout à fait perdus, car ce mot ne vous dit rien. Les « doppers »
sont des membres dissidents de l'Église réformée
hollandaise, réfractaires à toute nouveauté, aussi
bien au chant de cantiques nouveaux qu'aux sentiments missionnaires qui agitent depuis quelques années bien des églises protestantes du sud
de l'Afrique.

Ils sont enfin de ceux qui ont peur de mettre
des bretelles, car elles font la croix sur le dos ;
mais en revanche, ils oublient que Dieu a fait tous
les hommes d'un seul sang, et prennent le mot
d'ordre de certains partis boers du Cap : *Africa
voor de Afrikaanders*, « l'Afrique aux Africains »,
sans prendre le moins du monde la peine de se
demander qui sont les véritables Africains.

En général, les Boers ou paysans du Transvaal
sont moins policés que ceux de la colonie du Cap,
et sont aussi beaucoup plus exigeants et durs envers

M. PAUL KRÜGER

les noirs. Ceux-ci, les anciens maitres du pays et de beaucoup les plus nombreux, n'y sont tolérés qu'en qualité de serviteurs ou de manœuvres.

C'est toujours, pour les indigènes, la mise en action de la fable de La Fontaine, *La Lice et sa Compagne :*

> Laissez-leur prendre un pied chez vous,
> Ils en auront bientôt pris quatre.

L'élevage du bétail et la culture des céréales s'étant fort développés, puis les mines d'or et d'argent, répandues dans toute la contrée, ayant amené de grandes richesses, le Transvaal dont la devise est : *Eendragt maakt magt,* « l'union fait la force », — l'union sans doute des blancs contre les noirs, — arrondit aisément son territoire, plus grand déjà que l'Italie, et traite d'insurgés et de rebelles les tribus indigènes qui ne tiennent à être ni protégées, ni annexées par le susdit État.

La République Sud-Africaine, comme sa cadette la République de l'Orange, compte de fort nombreux protestants aimant leurs églises, qu'ils fréquentent assidûment, surtout les jours de *nacht-maal,* jours de communion. Ils sont bien la preuve qu'on peut être même protestant et arriver à négliger le premier devoir du chrétien : l'amour pour les pauvres et les petits.

Bien des sociétés de missions anglaises, allemandes, etc., sans oublier nos amis de la mission de la Suisse romande, travaillent dans ce pays, tandis que l'État ne fait absolument rien pour les indigènes. Ces derniers n'ont pas plus d'état que de droits civils, ne peuvent posséder en propre une bande de terrain, n'ont pas d'école, ne peuvent même pas entrer dans une église de Boers, pas seulement marcher sur les trottoirs des rues de Prétoria, la capitale du Transvaal ! En retour, les noirs paient des impôts de toutes sortes, sans parler de nombreuses corvées et de vexations sans fin et ont facilement droit à la prison et au fouet !...

UN TIMBRE-POSTE

Pour Vespasien l'argent n'avait pas d'odeur ; pour les Boers il n'a pas de couleur...

L'injustice des blancs envers la race noire devrait nous faire aimer cette dernière bien plus et bien mieux que nous ne le faisons, en vertu des mots gravés sur le socle d'une statue de la ville de Nantes et qui viennent en droite ligne de l'Évangile : « Aux plus déshérités, le plus d'amour ! » Les préférés du Christ, sachons-le bien, ce sont les pauvres, les lépreux de corps ou d'âme, et les méprisés de toutes couleurs et de toutes races : blancs, noirs, jaunes ou rouges !

UNE

Conférence sur le Zambèze

Les visites sont rares au Lessouto et l'on entend rarement quelque chose de particulièrement intéressant, aussi nous nous faisions un plaisir d'avoir une conférence, d'autant plus qu'elle devait être faite par un Mossouto récemment revenu des bords du Zambèze.

Lefi Possa, notre conférencier, est parti, il y a quelques années, comme catéchiste, pour la mission chez les Barotsis; il a dû en revenir depuis et dès que nous avons appris son retour, nous l'avons prié de venir parler de la mission du Zambèze à nos chrétiens d'Hermon.

Nous avions pensé que le temps serait beau et il a été déplorable; aussi beaucoup de gens ont été empêchés de venir, d'abord par la pluie, puis par un vent si violent qu'il ressemblait un peu à celui dont parlait un marin : « Il fallait trois hommes pour empêcher la perruque du capitaine de prendre son vol ! »

KAMGOBIO

Néanmoins 350 à 400 personnes se pressaient au jour fixé dans la chapelle d'Hermon. Vous dire l'attention de l'auditoire pour tout ce que Lefi a raconté serait difficile ; on était en quelque sorte suspendu à ses lèvres, les bébés eux-mêmes devaient être intéressés, puisque c'est à peine si l'on entendait leurs réclamations ordinaires.

Nos chrétiens sont déjà familiarisés avec l'œuvre du Zambèze, soit par les nouvelles que nous leur en donnons, soit par des visites de missionnaires que nous avons de loin en loin.

ÉLÉPHANT EN TERRE GLAISE

Le voyage de Lefi, du Zambèze au Lessouto, a duré, par suite de contretemps sans fin, environ dix mois ! Il n'en est pas trop étonné ; pour la patience, les indigènes en ont dans certains cas plus que nous, parfois ils pourraient en remontrer à feue Griselidis elle-même !

Notre explorateur nous a longuement parlé des *Matotela,* qui sont les forgerons du pays et qui de plus travaillent fort bien le bois ; puis des *Masubia*, des *Makua-Kuali*, des *Batoka*, des *Mashicolomboué*, et autres membres de la tribu des Barotsis. Nous avons pu constater aussi que Barotsis et Bassoutos se ressemblent étrangement tant que l'Évangile n'a pas agi sur leurs cœurs. Les premiers ont peut-être plus d'habileté que les derniers, mais leurs coutumes et leur manière de vivre sont bien proches parentes, sans parler d'un certain petit instrument en fer, nommé *lebeko,* en usage là-bas comme ici, et qui tient lieu de mouchoir de poche[1]... Au Lessouto les musiciens se contentent du *thomô* et du *setolôtolô,* sortes de violon un peu primitifs qui ne rappellent absolument pas le moindre des violons Stradivarius ou autres.

« LEBEKO »

Le *piano* des Barotsis, appelé *kamgobio,* est bien supérieur à ces violons bassoutos et montre un esprit véritablement inventif, mais il ne faut pas

---

1. C'est le même instrument qu'on retrouve, sous le nom de *bâton de nez,* dans les vitrines du Trocadéro relatives à l'Amérique centrale.

oublier de le placer sur une calebasse de bois pour lui donner plus de sonorité.

VASES EN BOIS SCULPTÉ

Les Zambéziens fabriquent aussi, avec de la terre glaise, de ces « jouets bon marché » que façonnent les enfants du Lessouto. Voici, par exemple, un éléphant des rives du Zambèze qui n'a pas trop mauvaise mine (p. 275).

Les vases, écuelles, couteaux, *dipora* (sorte de tabourets), haches, etc., de la fabrication des Barotsis, pourraient fort bien émotionner des collectionneurs de curiosités.

« SÉPORA » OU TABOURET

Ce qu'on a eu du plaisir à apprendre, c'est qu'au Zambèze il y a du *mabele* ou sorgho comme celui du Lessouto. On y a aussi des citrouilles, des pois, des patates, des haricots et des fruits divers, mais inconnus dans nos parages; de plus, le miel y

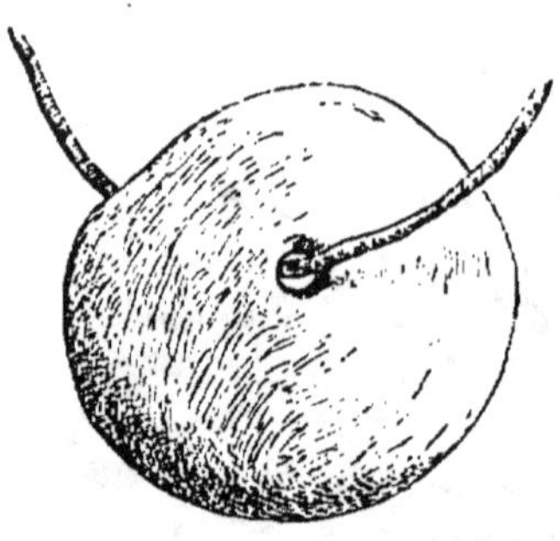

« COUPA » (COQUILLAGE)

est très abondant.

Cependant le poisson forme la base de la nourriture. Nos Bassoutos ne l'aiment guère. Lefi disait que, pendant longtemps, il avait refusé d'en manger, disant que c'étaient des serpents, puis qu'il avait fait comme les camarades et les avait trouvés excellents.

Certains récits de notre conférencier resteront, je pense, dans la mémoire de ses auditeurs.

Quand on accuse quelqu'un de sorcellerie, ce qui arrive assez souvent, les Barotsis étant au moins aussi forts que les Congolais sur cet article-là, on commence par saisir ses poules ! On leur fait prendre une sorte de poison appelé *moati ;* si elles en meurent, leur propriétaire est reconnu sorcier. Naturellement, le pauvre hère se défend de son mieux, affirme qu'il est innocent et que ses poules sont des sottes. On prépare alors de l'eau bouillante, il y trempe la main, et comme il ne peut faire autrement que de porter des traces de brûlures, il est déclaré coupable et mis à mort.

ÉPINGLE
EN OS

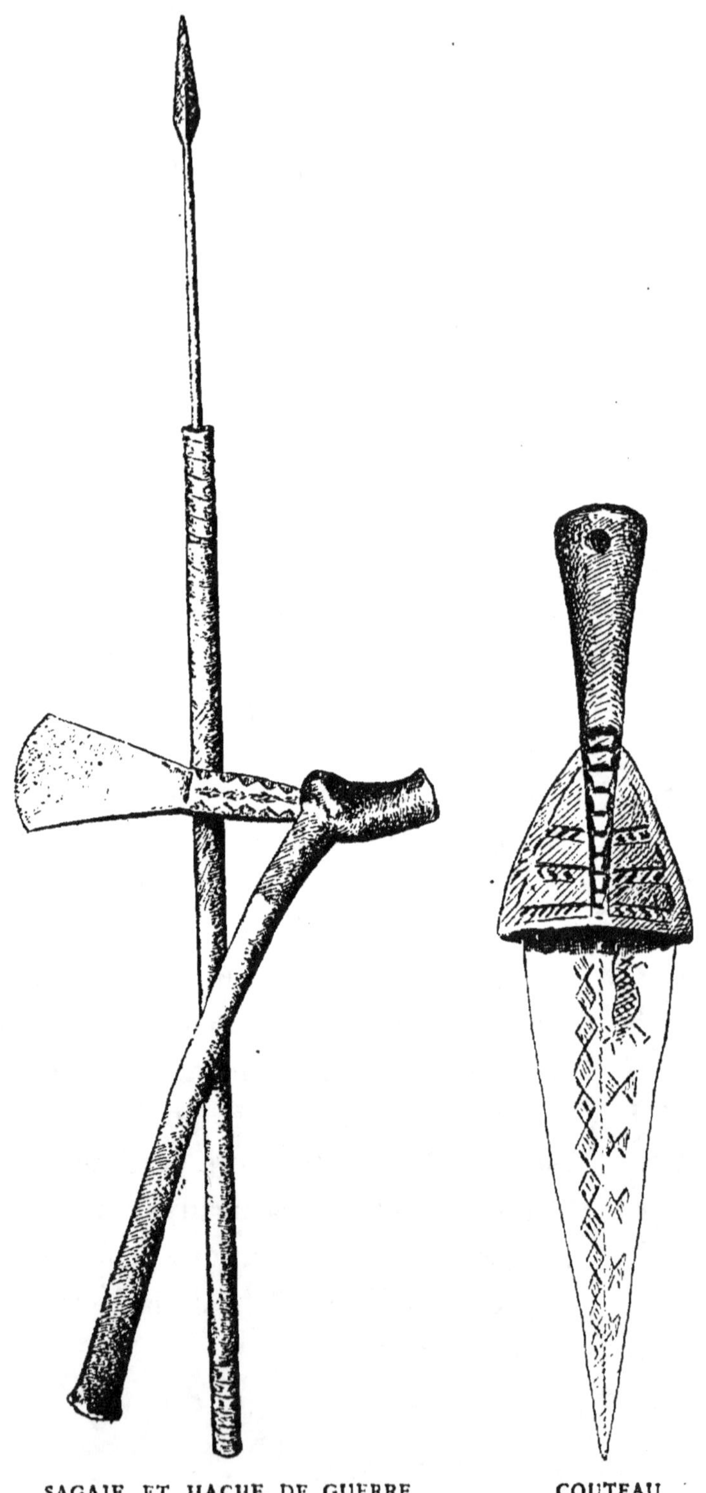

SAGAIE ET HACHE DE GUERRE   COUTEAU

Ce qui a peut-être frappé le plus nos Bassoutos, c'est que les Barotsis ne sortent jamais, même pour traverser le village, sans avoir en main une sagaie, ou une arme quelconque.

Ici on est plus pacifique : on ne prend les armes qu'en temps de guerre et les propriétaires en ont presque autant de peur que l'ennemi.

L'esclavage règne encore sur les rives du Zambèze, comme du reste dans presque toute l'Afrique, à part le sud et les colonies françaises du nord; on peut troquer un esclave contre un bœuf ou quelques chèvres, ou simplement contre un *coupa*, fragment d'un curieux coquillage provenant de la côte Est et fort recherché des Barotsis.

Il ne me reste plus qu'à vous saluer à la mode zambézienne : je tape quelques petits coups dans mes mains en disant : *Schangoe!* ce qui est une manière de dire : au revoir, chers amis, ou bien encore : la suite au prochain numéro!

A propos d'un peigne !

ENCORE LE ZAMBÈZE

Quand le grand voyageur missionnaire David Livingstone explorait, vers 1860, des régions encore inconnues près du Zambèze[1], et demandait à des indigènes comment s'appelaient les montagnes bornant l'horizon, on lui répondait qu'elles étaient trop éloignées pour qu'on en connût les noms !

Aujourd'hui, sur les bords du Zambèze, qu'on nomme tour à tour *Liambai, Louambéji, Ambési, Ojimbési, Zambézi,* c'est-à-dire la grande rivière ou le fleuve par excellence — suivant les dialectes employés sur ses bords, — nos cœurs suivent par

---

1. Le Zambèze fut visité pour la première fois par Livingstone, qui arriva à Sécheké en juin 1851.

la pensée les vaillants et les forts qui sont là-bas
les sentinelles avancées de l'armée du Roi des rois...

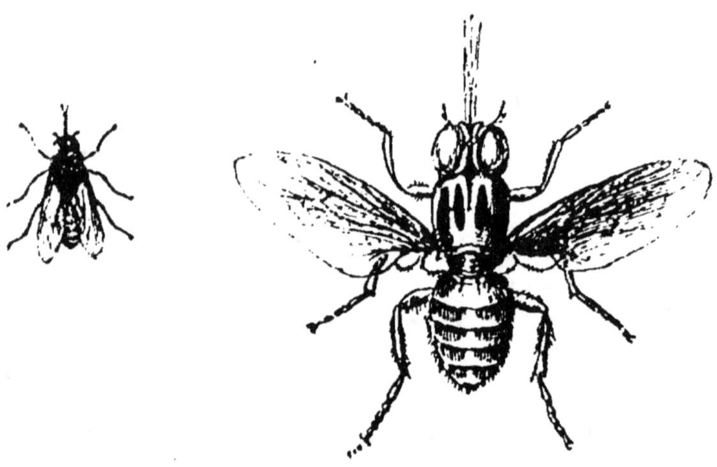

LA MOUCHE TSÉTSÉ

L'œuvre missionnaire, qui a été fondée il y a
douze ans, avance très lentement et se poursuit au
milieu de difficultés de toutes sortes sans cesse
renaissantes.

Tout semble être contre l'œuvre missionnaire :
le climat, la distance, la solitude, les animaux sauvages et jusqu'aux fourmis, sans oublier une mouche de vulgaire apparence[1], la « tsétsé », dont la

1. La gravure ci-jointe est tirée du volume de D. Livingstone, intitulé :

piqûre est une cause de mort pour le bœuf et le cheval. Enfin,'les Barotsis, leurs chefs en tête, font à peu près tout ce qu'ils peuvent pour l'entraver.

Mais, comme le dit un poète aimé [1] :

> ... Nul peuple, pas même une tribu sauvage,
> Non, pas un être humain n'est maudit devant Dieu.

et déjà la mission et la civilisation font quelques progrès sur les bords du Zambèze.

Lewanika, le roi des Barotsis, que le vénéré fondateur de la mission, M. Coillard, nous montrait il y a quelques années [2] en costume de sauvage, s'habille maintenant à l'européenne, ainsi que sa sœur la reine Mokuaé.

Naturellement, beaucoup d'indigènes

Explorations dans l'intérieur de l'Afrique australe. Hachette, éditeur. La mouche de gauche est de grandeur naturelle.

1. _Noël_, par Maurice Bouchor.
2. _Le petit Messager des Missions_, 1889.

essaient de suivre tant bien que mal l'exemple venant de haut lieu.

LEWANIKA EN COSTUME EUROPÉEN

De plus, on peut dire que, même dans leurs objets usuels, on voit que les Zambéziens se civilisent.

LEWANIKA EN COSTUME PAÏEN

Par exemple, la cuillère ci-devant est certainement un résultat de l'influence des blancs, car
vous pensez bien que la cuillère *naturelle* est plus
simple ou plus compliquée, cela dépend du point
de vue.

Quant à l'objet ci-contre, qu'un archéologue
dirait être de style byzantin, il nous prouve premiè-
rement que les indigènes se peignent, ce qui ne
peut pas leur faire de mal, et il nous montre aussi
leur admiration pour le cheval qu'ils ne connaissent
pas depuis très longtemps.

Aussi regardez comme il est fait avec amour !

La tête et le cou avaient tellement ravi l'artiste
qu'il a cru devoir les faire plus grands que le restant
du corps ; la crinière et la queue, objets d'étonnement, sont aussi taillées avec grand soin ; la bride
n'a pas non plus été oubliée. Par contre, le personnage, qui n'est guère là que pour mieux faire valoir
le beau destrier, est un peu négligé. Le chapeau
seul est soigné, car lui encore était un article bien
étrange...

Tout cela est peu de chose, j'en conviens :
j'admets même que cette statue équestre ne vaut
pas la moindre des *rustiques figulines* modelées par

UN PEIGNE ZAMBÉZIEN

notre coreligionnaire, l'illustre Bernard Palissy, pas
même la plus petite gravure en médaille faite par
un sculpteur moderne ; mais, dans son genre, ce
modeste bibelot nous dit bien des choses. Les
Barotsis observent et réfléchissent ; ce que leurs
yeux voient, leur intelligence cherche à l'imiter ; de
même aussi ce que leurs oreilles entendent ne peut
pas non plus rester sans effet et là aussi nous cons-
tatons des faits encourageants.

La station de Léaluyi, l'une des cinq que compte
la mission zambézienne, est située, nous dit M. Coillard, sur un monticule nommé *Loatilé;* c'était un
endroit exécré et maudit, où l'on brûlait de soi-
disant sorciers, et qui, de plus, était aux époques
des inondations le repaire d'innombrables essaims
d'insectes et de légions de reptiles.

Aujourd'hui l'ilot est transformé : plus de bour-
biers, plus de broussailles ; c'est maintenant un
petit village hollandais qui s'élève dans ce lieu re-
douté.

Ces travaux, résultats remarquables d'efforts, de
patience et de ténacité dont on ne peut guère avoir
une idée exacte si l'on ne connait pas un peu les
noirs, sont certainement l'image des progrès que

LA STATION DE LÉALUYI. (D'après une photographie de M. Coillard.)

fait l'œuvre d'évangélisation chez les Barotsis. Ce nom maudit de *Loatilé* évoquera certainement un jour la pensée de grandes bénédictions, comme celui de la *croix* est devenu synonyme de Rédemption et de vie éternelle.

Où il est question

d'archéologie et d'autres choses

Hermon, 21 juin.

On raconte que, lorsque le grand Pascal souffrait de maux de dents, il se donnait un problème de mathématiques à résoudre et s'y appliquait si fort qu'il en oubliait son mal.

Si vous n'avez pas d'objection sérieuse, nous ferons un peu la même chose et nous nous occuperons quelques instants de questions difficiles touchant des choses anciennes.

Nous sommes en hiver ici et nous avons froid, je vous assure; aussi je me dis que cette petite étude pourra peut-être, du même coup, vous intéresser un peu et nous réchauffer par-dessus le marché.

Nous n'allons pas cependant discuter au point

de nous fâcher, cela ne nous avancerait pas beaucoup. Nous n'allons pas non plus remonter à l'origine de l'homme, ni entamer le problème de
l'unité des races humaines et de leur dispersion ;
cela nous entraînerait bien loin et nous risquerions
de nous embrouiller.

UN DOLMEN PRÈS PARIS

Nous pouvons néanmoins affirmer, sans crainte
de nous tromper, que la science dont on est si fier
aujourd'hui n'a ni tout dit ni tout expliqué dans
bien des questions ; aussi les vrais savants sont-ils
ceux qui n'hésitent pas à dire, quand cela est nécessaire : « Nous ne savons pas ! »

Sans aller ni bien loin ni bien profond, il y a
tout près de Paris, à Épone, un dolmen nommé
dans le pays : « Pierres de la justice », dont j'ai fait

LA GRANDE TOUR, RUINES DE ZIMBABIÉ.

un croquis il y a une vingtaine d'années, et au sujet duquel les archéologues ne s'entendent pas du tout, pas plus du reste que sur les monuments de ce genre, auxquels ces messieurs ont cru devoir donner le nom de « mégalithiques ».

Étaient-ils ou des autels ou des tombes de personnages importants? On ne sait, et sans doute on ne sortira pas de sitôt de cette incertitude qui, fort heureusement, n'a rien de particulièrement pénible.

Bien d'autres problèmes sont encore sans solution dans les domaines de l'histoire, de la géographie, sans oublier celui de l'archéologie, etc.

Pour ne rester qu'en Afrique, il y a en Algérie, par exemple, et dans les contrées environnantes, des monuments importants dont on ignore l'origine exacte et dont les proportions surprennent à juste titre les voyageurs.

Les pyramides d'Égypte elles-mêmes ont longtemps intrigué nos devanciers. On a cru qu'elles étaient des points de repère astronomiques, ou des sortes de digues, placées à l'entrée du désert pour arrêter l'envahissement du sable.

Notre respectable ami Grégoire de Tours, un

brave homme du temps de Chilpéric, affirme dans ses mémoires que les pyramides étaient des greniers d'abondance bâtis par ordre de Joseph lors des sept années de famine !

LA GRANDE PYRAMIDE DE GIZEH
(D'après une photographie.)

Nous sommes fixés à cet égard, mais pas depuis bien longtemps, et les Pharaons qui s'étaient fait bâtir des sortes de montagnes de pierres comme tombeaux, nous ont livré le secret de leur vanité.

*

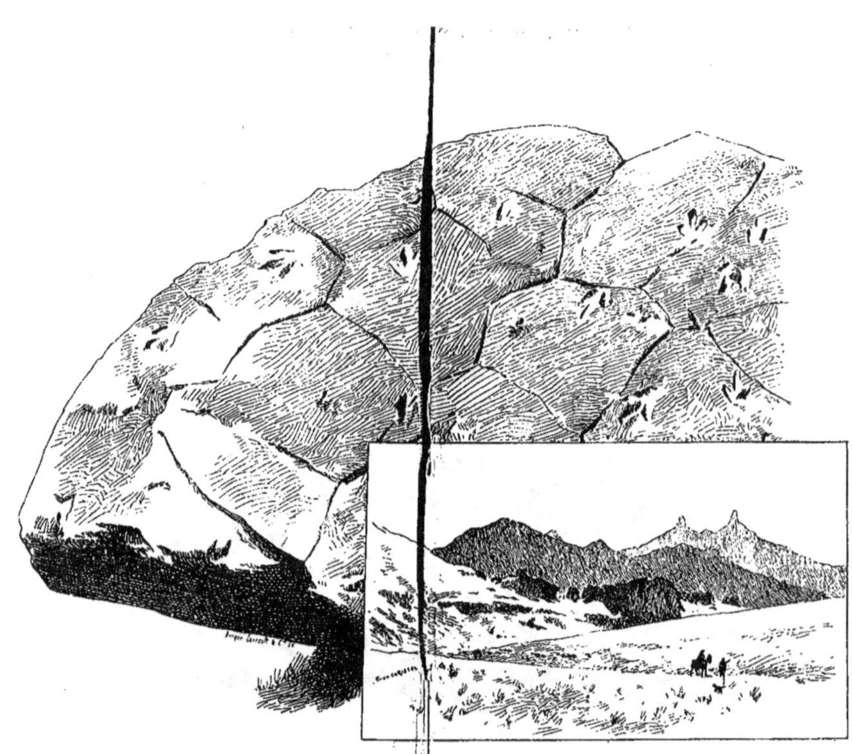

EMPREINTES FOSSILES A MORIJ ET PAYSAGE DES MONTAGNES

En revanche, non loin de la grande pyramide de Gizeh et près du sphinx, j'ai eu l'avantage de voir des ruines découvertes depuis seulement une trentaine d'années, bâties en énormes blocs de granit et dont l'ancienneté, plus grande que celle des pyramides, au dire des savants, « se perd dans la nuit des temps » ou dans « l'Océan des âges », si vous préférez cette expression du poète Lamartine.

La question des sources du Nil, qui préoccupa tant de générations de géographes, semble bien près d'être résolue, si elle ne l'est tout à fait ; mais rassurez-vous, bien d'autres explorations restent encore à faire pour les voyageurs de l'avenir.

Dans un autre ordre d'idées, on aimerait connaître l'histoire des signes juifs ou chrétiens que le missionnaire-voyageur Livingstone voyait[1] tatoués sur les indigènes du centre de l'Afrique, ainsi que l'origine de la petite croix bleue tatouée sur la figure des fillettes de la Kabylie orientale, que nous avions l'étonnement de voir, mes compagnons d'armes et moi, lors de la campagne de 1871 en Algérie.

---

1. *Dernier Journal,* 1er volume.

Ici, au Lessouto, nous aimerions bien savoir quelque chose sur la configuration géologique, parfois si étrange, de ce pays et aussi sur les énormes empreintes pétrifiées d'oiseaux ou de lézards, qu'on voit sur les rochers de la montagne qui domine la station de Morija et qu'on rencontre, dit-on, dans différents endroits du Sud africain.

TATOUAGES DES MATAMMBOUÉ

(Dessin extrait du *Dernier Journal de Livingstone.* [Hachette et Cie, éditeurs. 1878.])

Mais bien d'autres questions restent encore en suspens dans cette mystérieuse Afrique, dont le nom même est d'origine incertaine.

Ces derniers temps, des ruines connues depuis assez longtemps ont été explorées par un archéologue anglais et ont, grâce à ses travaux, offert un nouvel intérêt aux savants, comme aussi à ceux qui ne le sont pas.

Ces ruines sont situées dans le pays des Matabélés, non loin de Fort-Victoria, entre le Limpopo et le Zambèze, et occupent des espaces considérables.

A Zimbabié, où se trouvent les plus importants de ces restes, se dresse une tour massive en pierres taillées, avec des pans de murs fort importants. « Les grands blocs de pierre taillée, dit l'ar- « chéologue, M. J. Bent[1], dont se servaient les « Égyptiens, les Grecs et les Romains pour leurs « constructions, devaient être d'un maniement re- « lativement plus facile, en comparaison de ces « mêmes pierres de granit assemblées en assises « régulières pour former un mur d'une épaisseur « et d'une hauteur vraiment prodigieuses. »

Ces vénérables débris remontent, cela va sans dire, à une époque très lointaine, témoignent d'une civilisation étrangement avancée et sont presque tous dans le voisinage de gisements d'or; on a

---

1. Citation faite par la *Revue des Deux-Mondes*, 1ᵉʳ octobre 1894.

même découvert des creusets pour fondre l'or et des moules à lingots; aussi s'est-on demandé si l'on n'était pas devant l'ancienne *Ophir* du roi Salomon. D'autre part, certains détails de la bâtisse, des haches, des lances, des clochettes en fer, puis des fragments de sculptures, de poteries et d'objets trouvés dans les fouilles, sembleraient indiquer une origine égyptienne ou phénicienne, ou peut-être tout simplement romaine !

FRAGMENTS DE SCULPTURES TROUVÉS A ZIMBABIÉ (MUSÉE DU CAP)

Encore un problème à résoudre pour les amateurs.

Voilà bien des questions qui peuvent à bon droit nous occuper, ainsi, du reste, que tant d'autres plus importantes qui préoccupent et passionnent notre époque, mais qui cependant ne doivent pas nous faire oublier ce que nous savons...

Nous savons beaucoup de choses, cela est certain ; au-dessus de toutes, il y en a une plus grande que l'archéologie ou toute autre science, qui doit tout dominer comme l'a dit si bien un chrétien

CARTES DES MISSIONS CHRÉTIENNES EN AFRIQUE

éminent, Henri Perreyve : « Pour nous, chrétiens,
« il est une passion qui doit posséder notre âme :
« celle de travailler en ce monde, sans trêve ni re-
« lâche, à la venue du royaume de Dieu et au
« triomphe de la justice. »

N'oublions pas, non plus, que l'Afrique est encore, tant les parties encore païennes que celles soumises à l'Islam, sous le joug odieux de l'esclavage et de toutes les barbaries qui en résultent. Les missions chrétiennes ne sont que des points isolés dans cette immense et malheureuse Afrique qu'on appelle encore et si justement le noir continent.

Il est grand temps, chers amis, que je m'arrête, et je le fais en vous rappelant cette belle parole de l'héroïne de notre patrie. Lorsque les accusateurs de Jeanne d'Arc lui demandaient si elle n'avait pas à obéir à certaines autorités sur la terre, elle s'écriait : « Oui, notre Sire premier servi ! »

Oui, notre *Sire* Dieu premier servi par nos facultés, nos forces, nos biens, pour la cause de l'Évangile et de l'humanité !

Table des matières

Nancy, impr. Berger-Levrault et Cⁱᵉ.

BERGER-LEVRAULT ET Cⁱᵉ, LIBRAIRES-ÉDITEURS

Paris, 5, rue des Beaux-Arts. — Nancy, 18, rue des Glacis.

Silhouettes tonkinoises, par Louis PEYTRAL. Illustrations de GAYAC. 1897. Un volume in-12, broché sous couverture illustrée. . . **3 fr. 50 c.**

La Vie militaire au Tonkin, par le capitaine LECOMTE, breveté d'état-major, attaché à l'état-major du corps expéditionnaire. Illustrations par M. DAUPHIN. 1893. Beau volume grand in-8 jésus, avec 70 dessins et 5 croquis cartographiques. Broché sous couverture illustrée . . . **10 fr.**
Relié en percaline gaufrée, plaques spéciales . . . . **12 fr. 50 c.**

L'ARMÉE FRANÇAISE AU TONKIN. — Le Guet-Apens de Bac-Lé, par le capitaine LECOMTE, breveté d'état-major. 1890. Volume in-12 avec 21 illustrations par M. DAUPHIN, et 3 cartes, broché sous couverture illustrée en couleurs . . . . **3 fr.**

L'ARMÉE FRANÇAISE AU TONKIN. — Marche de Lang-Son à Tuyen-Quan. Combat de Hoa-Moc. Déblocus de Tuyen-Quan, par le capitaine LECOMTE, attaché à l'état-major du corps expéditionnaire du Tonkin. 1889. Vol. in-8 avec 10 cartes et croquis hors texte, broché. . **3 fr. 50 c.**

Histoire de l'Expédition de Cochinchine en 1861, par le contre-amiral L. PALLU DE LA BARRIÈRE. Nouvelle édition. 1888. Volume grand in-8, avec 3 cartes, broché. . . . . **7 fr. 50 c.**

La Région nord-est du Tonkin, par M. GUÉRIN, lieutenant d'infanterie de marine. 1892. In-8, avec 6 planches . . . . **2 fr.**

L'Escadre de l'amiral Courbet, par Maurice LOIR, lieutenant de vaisseau à bord de la *Triomphante*. Illustrations par M. BROSSARD DE CORBIGNY. 1894. Beau volume grand in-8 jésus, avec 160 dessins, 10 croquis cartographiques et portrait. Broché sous couverture illustrée. . . **10 fr.**
Reliure riche, gaufrée en 9 couleurs, tête dorée . . . . . . **12 fr. 50 c.**

— *Le même ouvrage.* 6ᵉ édition. In-12. 1892, avec portrait et 10 cartes, broché. . . . . **3 fr. 50 c.**

De Hanoï à Pékin, par A. BOUINAIS, lieutenant-colonel d'infanterie de marine, avec une préface de M. Alfred RAMBAUD, professeur à la Faculté des lettres de Paris. 1892. In-12 de 428 pages, broché . . . . **3 fr. 50 c.**

De Rochefort à Cayenne. (Scènes de la vie maritime.) Journal du capitaine de l'*Économe*, par Jules DE CRISENOY; illustré de 52 dessins par Pierre DE CRISENOY, peintre de la marine. 1883. Un fort volume in-8 de 330 pages, avec 2 cartes . . . . **8 fr.**

La Conquête de l'Océan, par le contre-amiral RÉVEILLÈRE. 1891. Un volume in-12 de 310 pages, broché . . . . **3 fr. 50 c.**

Autarchie, par le contre-amiral RÉVEILLÈRE. Jolis volumes in-12, brochés.
-- **Un Coup de sonde dans l'océan des Mystères.** 1896. Un vol. **2 fr.**
-- **Croix et Croissant.** 1897. Un volume . . . . **2 fr.**
-- **L'Europe-Unie.** 1896. Un volume . . . . **2 fr.**
— **Extension, Expansion.** 1898. Un volume. . . . . **2 fr.**
-- **Recherche d'idéal.** 1898. Un volume . . . . **2 fr.**
— **Tutelle et Autarchie.** 1896. Un volume. . . . . **2 fr.**
-- **Propos d'autarchiste.** 1898. Un volume. . . . . **2 fr.**
— **Christianisme et Autarchie.** 1898. Un volume. . . . . . **2 fr.**
-- **Sur le Pont.** 1899. Un volume . . . . **2 fr.**
— **Méditations d'un Autarchiste.** 1899. Un volume. . . . . . **2 fr.**

BERGER-LEVRAULT ET Cie, LIBRAIRES-ÉDITEURS

Paris, 5, rue des Beaux-Arts. — Nancy, 13, rue des Glacis.

Sur le Haut-Zambèze. Voyages et travaux de mission, par François COILLARD, de la Société des missions évangéliques de Paris. Préface de M. J. DE SEYNES. 1899. Beau volume grand in-8 de 721 pages, avec 2 portraits en héliogravure, 31 planches et 2 cartes, broché . . . . . . **8 fr.**
Relié en percaline gaufrée, plaques spéciales, tête rouge. . . . . **10 fr.**

Mes Campagnes, par une femme (C. VRAY). *Autour de Madagascar.* 1897. Un volume in-12, broché sous couverture en couleurs. . **3 fr. 50 c.**

Histoire de l'Armée coloniale, par NED NOLL. 1896. Un volume in-8, avec illustrations de M. NAYEL . . . . **2 fr. 50 c.**

La Guerre au Dahomey, *1888-1894,* d'après les documents officiels, par Ed. AUBLET, capitaine d'infanterie de marine, officier d'ordonnance du ministre de la marine. Deux volumes in-8, avec un portrait, 26 croquis et 3 cartes, brochés . . . . **12 fr. 50 c.**

Madagascar. L'île et ses habitants. Renseignements historiques, géographiques et militaires. La guerre franco-hova (1881-1885), d'après les documents du ministère de la marine, par le capitaine G. HUMBERT, Avec un vocabulaire franco-malgache de M. SUBERBIE. 1895. Volume in-8, avec 8 cartes topographiques, broché. . . . . **4 fr.**

Rapport sur l'expédition de Madagascar, par le général DUCHESNE. Adressé le 25 avril 1896 au ministre de la guerre. Suivi de tous les documents militaires, diplomatiques et parlementaires, relatifs à l'expédition de 1895, avec 16 cartes, croquis ou itinéraires. 1897. Un volume grand in-8 de 437 pages et 1 atlas, broché . . . . **12 fr.**

L'Armée et la Flotte en 1895. Manœuvres navales. Manœuvres des Vosges. *L'Expédition de Madagascar,* par ARDOUIN-DUMAZET. 1896. Un volume in-12, avec cartes, couverture illustrée. . . . . **5 fr.**

La Tunisie. 1896. Publication en 4 beaux volumes in-8 :
— 1re partie : *Histoire et Description.* Le sol et le climat. L'homme. Organisation. 2 vol. avec 40 planches, dont 22 en couleurs, brochés. . **10 fr.**
— 2e partie : *La Tunisie économique.* Agriculture. Industrie. Commerce. Finances. 2 vol. avec 13 planches, dont 3 en couleurs, brochés . . **10 fr.**

Le Bassin du Congo, par le chef d'escadron KLOBB, de l'artillerie de la marine. 1898. In-8, avec 2 croquis cartographiques, broché . . . . **1 fr.**

Cinq mois au pays des Somalis, par le prince NICOLAS D. GHIKA. Suivi de la Faune somalie et d'une liste des plantes décrites, par G. SCHWEINFURTH et G. VOLKENS. 1898. Un beau volume petit in-4 avec 21 planches hors texte, d'après les photographies de l'auteur, et 1 carte in-folio en couleurs, cartonné en percaline, plat spécial . . . . . **15 fr.**

Impressions coloniales (1868-1892). Étude comparative de colonisation, par Charles CERISIER, directeur de l'intérieur du Congo français. 1893. Volume in-8 de 367 pages, avec carte, broché . . . . **5 fr.**

Organisation générale des Colonies françaises et des pays de Protectorat, par Édouard PETIT, chef de bureau au ministère des colonies, professeur à l'École coloniale. 1894. Deux forts volumes grand in-8, brochés. . . . . **24 fr.**

Le Régime du Travail et la Colonisation libre dans nos colonies et pays de protectorat, par Henri BLONDEL, sous-chef de bureau au ministère des colonies. 1895. Volume grand in-8, broché . . . . **5 fr.**
Ce volume fait suite à l'ouvrage de Éd. PETIT sur l'*Organisation des Colonies.*

Nancy, imp. Berger-Levrault et Cie.